覚悟の準備

㈱感動集客
松野 正寿

まえがき

女性は偉大な存在だからこそ、いつも男の器を試している

女性を支えられるふさわしい自分になるには、毎日の私生活習慣に変化を起こすこと。

覚悟を持つ強さは誰でも持つことが出来る。

男性である僕たちは、いつかどこかで強い覚悟が必要になります。なぜ、覚悟を持つ重要性を伝えたいのかと言いますと、当時独身であった僕は、突然両親二人が同じ時期に、がんになりたった一人で在宅介護を余儀なくされたからです。

ただ、言葉で覚悟を持ちますと言っても、そんなに簡単ではありません。
用意と準備の言葉は似ているのですが、条件が違います。

用意は、自分の意志で行動をして必要な条件を整えること
準備は、自分の意志とは関係なく起こる出来事に対して備えること

夢を叶えるのも、当時僕が一人で両親二人の介護をしてきたことも結論から言えば同じです。

なにが同じなのかと言うと……、常日頃から、僕たちは（特に男性は）私生活を通じて準備を整えながら生きるべきだということ。
もしもの時のお金の用意などはもちろんですが、それも含めて重要なのは「覚悟の準備」だと、これまでの経験上、僕はそう思っています。

例えば、コロナウイルスに対して僕たちは準備が出来ていなかったわけですが、根元を考えると事前に予測が出来る台風みたいな対策以上に、常日頃から予測が難しい地震などの準備をきちんと整えておけば、コロナによる商品の品切れなどは発生もしないでしょうし、全国が大騒ぎするトラブルもなかったかもしれません。

少なくとも普段から準備が出来ている方ならば……。

つまり、現実化してから実際に行動を起こしても、冷静な判断は鈍り、パニックになりやすくなってしまうのです。そういう経験はないでしょうか？

これから、時代は大きくうねりを上げて変わっていくからこそ、覚悟の準備に必要な条件を私生活の中で整えていくべきです。

そうしなければ青天の霹靂のような出来事が起きた時、地に足を付けて受け止めることが出来なくなります。

実際に当時三六歳だった独身の僕は、さきほどお伝えした通り両親二人がほぼ同じ時期に末期がんの宣告を受けました。
そして二人が選択をしたのは、病院に入院して三大療法（抗がん剤・放射線・手術）を受けるのではなく〝余生を家で過ごしたい〟ということでした。僕は兄弟がいない一人っ子です。

仕事は人一倍してきた方ですし、出逢いにも恵まれてきて数々の教えを頂いてきた側の人間ですが、女性が当たり前にやっている家事関連は全く出来ません。出来るのは掃除ぐらいです。こんな人間に突然、神様は新しい役割を与えました。

全てが未経験でしたし、親の命と真剣に向き合ったからこそ、ぶつかることもありましたが、折れそうになる自分を奮い立たせてくれたのは、これまで僕に数々の教えを授けてくれた人生の成功者たちです。
そして、僕の未来を危惧して自分の命をかけて、僕に介護を通じて人として大切なことを教えてくれた偉大な母です。
この本は前著と二冊同時に出す予定だったのですが、ＫＫロングセラーズさんの提案で、先行でネットで無料公開しておりましたが、書籍化のタイミングとなりましたので、まだ見ぬあなたに、少し特別な経験をした人間の人生を客観的に眺めて頂きたいと思っています。

新しいご自分を生み出すためのヒントや可能性に気づくキッカケに少しでもなればと願いながら書かせてもらっています。
当然ながら、日常の仕事もある中での執筆になるのですが、今も頑張っている父の介護や未来に羽ばたく子供たちがいるからこそ、今この瞬間瞬間を自分の責任を果たしながら僕は今日を生きています。

僕たちが生きる今は、コロナがキッカケになっただけで、これまで当たり前のように過ごしてきた日々が一瞬で変わってしまう現実がいつも目の前にあります。

ご自分のご両親やご家族が元気ならば、介護が視野に入っていない方も多いと思いますが、二〇二五年には、団塊世代の諸先輩達を介護をするのが当たり前の家庭が増えてきます。

だからこそ客観的な視点で構いませんので、真新しい私生活習慣の積み重ねによって「覚悟を持つ強さ」は手に入れることが出来ますから、ほんの少しだけ心の向きを傾けて読んで頂けると幸いです。

実際に両親二人のがん介護を一人でしてきた内容をまとめたものは、前著『命の時間』（弊社刊）で詳しく書かせて頂きました。

二〇二五年問題も待ち受けていますので、他人事だと思わずに関心を持って頂けると嬉しいです。

今の世の中はコロナ禍の真っ只中です。

最後の最後は、自分の力で自分を救える準備をしておかないと、肝心な所では誰も

助けてはくれません。

なぜなら、親しい間柄でも他人が関与できる領域には限界があり、それ以前に誰もが自分の人生を生きています。少子高齢化による二〇二五年問題、終身雇用の廃止、老後資金二千万円問題を僕たちは背負いながら生き抜かないといけません。今だからこそ現実問題として真剣に今と向き合うべきなのです。

その大きなキッカケとなったのが「コロナ」ではないでしょうか？
コロナでなくても、遅かれ早かれ日本は今の経済状況になっていたはずです。
つまり、もうあの頃の日本は二度と帰ってきません。

これから更に、人の価値観も大きく変わっていきますし、情報の質も求められていきます。
良くも悪くも新しい時代の中で生きていかないといけなくなりました。

だからこそ、僕たち自身が先に変化しないといけないのではないでしょうか？
先行きが不安な世の中を乗り越えていくためにも、自分の責任を果たすためにも、
今の僕たちに必要なのは「覚悟の準備」を怠らないことだと僕は思っています。

もちろん、人それぞれの価値観がありますので、共感出来るか？ 出来ないか？

の観点から言えば強制は出来ませんが、僕は少しずつ人生の成功者からの教えを頂き、日頃から準備をしてきたからこそ介護も覚悟を決めて乗り越えられました。


これらを前提として、ここからは複数の資格を所持する立場からお伝えしたいことがあります。

僕たちの未来は良くも悪くも「現実の積み重ね」によって作られていきます。

そして、これらは女性によって支えられていることを忘れてはいけません。

特に男性一人ひとりが意識すべきことは、先の見えない不安や怖れに呑み込まれず、
しっかりと「自分自身」をコントロールしながら、地に足を付けて生きていくこと

ではないかと思うのです。

確かにそうかもしれないな……と少しでも思ってくださるのなら、最後までお付き合い頂けると嬉しい限りです。

僕が人生の成功者から受け取ったものは、結局は偉大な母が幼少期からずっと僕に言い続けていたことだったと介護を通じて改めて気づけました。なので、今もう一つステージを上げたいと考えている方や、人との付き合い方で悩んでいらっしゃる方なら、きっとお役に立てるところがあると思っています。

あなたの心に顕微鏡を当てる感じで向き合ってあげてください。

今の自分の心はどういう状態なのか？　曇っていないか？　埃がついていないか？　汚れていないか？

「未来への分岐点」の全ては私生活習慣が生み出していきます。

それでは、いざとなったら覚悟を決めて動ける自分になるために、僕の人生経験と指針を与えてくれた人生の恩人たちから学んだこと、そして亡くなった母が教えてくれたことも含めて、一緒に準備をはじめていきましょう。

最後まで、よろしくお願い致します。

株式会社感動集客　松野正寿

★僕の所持している資格

- ●メンタル心理カウンセラー
- ●アドラー流メンタルトレーナー
- ●介護コミュニケーションアドバイザー
- ●行動心理士
- ●アンガーコントロールスペシャリスト
- ●マネーライフプランナー
- ●全日本ＳＥＯ協会認定ＳＥＯコンサルタント
- ●国内ＶＹＯＮＤ認定アニメーションクリエイター
- ●ＷＥＢライティング実務士
- ●速読インストラクター
- ●記憶術アドバイザー

もくじ

2章 自分の使命は何なのか考えてみませんか

3章 必要なのは貢献感で生きること

4章 自分を奮い立たせるもの、勇気を与えるもの

5章 相手を変えるより、自分が変わる方が早い

1章

あなたは男としての役目を果たしていますか

1　大切な存在そのもの、女性を守るのが男の役目

男性はどこかで女性の偉大さを忘れてしまいがちなところがあると思います。
例えば、恋人や夫婦になっていくと、自分の所有物のように、家政婦のような扱いをする人が昔から多いような気がしています。

夫婦で親を介護するとなっても、男性が介護される側になっても、やっぱり頼りになるのは女性の力です。そもそも女性がいないと子孫繁栄は出来ません。
つまり、僕もあなたもこの世に存在していません。

だから命をつないでくれる女性に対して、男性はもっと感謝と敬意を払うべきです。

本当に感謝しているのなら、普段から行動が変わるものではないでしょうか？

女性にだけ虚勢を張る男性っていませんか？　僕は本当に残念だと思うのです……。

なぜなら、周りから「器が小さいな～」と思われていることに気づけていないからです。


いつもプライドだけが高いダサい男があなたの周りにもいませんか？


どんな理由があろうとも、偉大なる女性に対して手を出したりする男性は最低レベルと思われても仕方がないかもしれません。

罵声を浴びせたり、恐怖を与える男も、亭主関白な男も、女性に対する敬意や尊敬が足りないと、僕は恩人の方たちに叩き込まれてきました。


そもそも男性と違って、女性の身体は子孫を残すために特別な存在として大切に作られているのです。

その「大切な存在そのもの」を守るのが、男の役目でもあり使命だということです。

本来は守る・支えるのが男の役目のはずなのに、怪我や心の傷を負わせたりする男性があとを絶ちません。言葉や思いやりも含めてです。

たとえ男が悪くないという事情だとしても、たとえ男が騙されたとしても、たとえ侮辱されたり、たとえプライドを傷つけられたとしても、それでも男が女性に手を出すのはご法度です。男としての存在価値を自ら下げているのと同じなんですね。

繰り返しますが、女性がいないと僕たちはこの世に存在していません。

どれだけ成人して社会で大成しても、奥さんをはじめ、母親や祖母には絶対に敵わないのです。

なぜなら、女性は自分の命が消えるかもしれない覚悟を持って、この世に命を宿して育んでくれる存在だからです。

僕たちが本当の意味で二本の足で地に足をつけて歩けるようになるまで長い間、僕たちの人生を背負って、おんぶしたまま育ててくれたわけですよね？　**そんな命を宿して育んでくれる女性に対して、男が偉そうに言えることって本当のところは一つもありません。**

例えば魚のサケがどうやって卵を産むか？　若い方は知らないかもしれませんが、故郷の川を飛び出したサケは長い旅に出ていきます。

しかし産卵期が近づいてくると生まれた故郷の川に卵を生むために、長い旅の中で傷つきながら遡っていきます。

そして卵を産んで子供に未来を託して、一週間も経過しないうちに親サケは旅立っていきます。

そのぐらい母親の愛は強いし、薄れることがないのです。

そんな母親、祖母をはじめ、これから母になられていく女性に対して、男がいっちょう前のことを言えるのでしょうか？

例えばある女性がいたとします。

親の介護がやっと終わったかと思ったら、次は自分の旦那や子供に何かが起きて介護になったら、女性は自分のことは二の次でまた介護をしないといけません。

実際に世の中にはそういう女性がたくさんいます。

普段からあなたは、恋人や奥さんや母親に対して「いつもありがとうね！」ときちんと伝えていますか？

「いつも苦労かけてごめんね！」と言えていますか？

おそらくですが、九九％の男性が言えていないと思います。

なぜなら、やってもらうことが当たり前になっているからです。

いい歳になっているにも関わらず、面倒な所が出てきたり、自分では解決出来ない所を親にケツをふいてもらっていませんか？

いろいろな意味でマザコンになっていませんか？　あまりに女性が偉大すぎるからこそ、私生活の中で甘えていませんか？　いつもすぐに自慢話や武勇伝を偉そうに話をしていませんか？

それらすらも女性は全てお見通しなんですよね……。

だからこそ、男なら誰もが女性に対して常に紳士であるべきです。

男からしたら「女のクセに生意気だな……」と思いたくなる女性も世の中にはいるかもしれませんが、それすらも可愛いなと思えるぐらいの器を持った方が、男としての魅力は上がるものです。

それでも「男は外で仕事をしているから忙しい」という思いや考え方があるかもしれません。

しかし、だからといって家のことを全て女性に任せるというのは、諸事情がないのならば僕はちょっと違うと思っています。


実際に僕は今も介護をしている身なのでよく分かるのですが、家事や育児って朝から晩までスケジュールはびっしりです。

むしろ女性からすれば、外で働いている男性の方が楽だと思うことがたくさんあると思います。

例えば「嫁は、家事するだけだろ?」という単純な感情を持つのは良くありません。

本当に家事・育児ってかなり大変なのです。

自分のことは二の次で朝の準備、片づけ、掃除・洗濯、家族が戻る前に夜ご飯の買い出しや子供のお迎え、夜ご飯・お風呂の準備をしてくれたり、どれもこれも当たり前のことではないのです。更に専業ではない女性なら、なおさら大変です。


男が外に出て仕事が忙しいのは分かります。

だけど同じように外で働いて家のこともしている女性もたくさんいるのです。

だからこそ、男である僕たちはせめて目の前にいてくれる女性に対して労《ねぎら》いの言葉をかけてあげる思いやりが、最低限の条件ではないのだろうかと僕は思っています。

もちろん、外に出て仕事をしていると、家族には言えないたくさんの痛みや苦悩を背負うことになります。

仕事の帰り道ですらも、明日の商談や打合せを考えないといけないとか、営業なら企画や資料作りなどに夜中まで追われてこともあると思います。僕も男なので分かります。

でも、そこに集中が出来ることすらも女性がいてくれるからなんです。

だからこそ、今すぐにでも感謝を伝えてあげるべきではないでしょうか？　明日、あなたにとって当たり前の存在が目の前からいなくなってしまったら、一〇〇％後悔しか残りません。

少しでもそう思うふしがあるのならば自分の方が先に変わって、恥ずかしがらずに、素直に感謝を伝えましょうよ。

僕の大恩人が教えてくれたのですが、「感謝」って四文字熟語だということを知っていましたか？

感謝は「感恩報謝」という、つまり感謝とは「恩を報いて成り立つ」というものでした。

◆女性は自分の命を懸けて次の世代に命を宿す、偉大な存在だと知る
◆男は外で働いているからという考え方は持たずに、いつも労いの言葉をかける
◆女性が当たり前に出来ることは、男性にとっての当たり前ではない

2「いつもありがとう」が相手の存在意義につながる

例えば、家を任されている「女性」は家族にとって当たり前の存在です。家族は何かをしてもらうのが当たり前ですから、育ててもらうことも、支えてもらうことも、助けてもらうことも、あまりにも当たり前になり過ぎて、家族全員からありがとうを言われることが女性（母親）は圧倒的に少ないのです。

だからこそ、「ありがとう」と伝えるだけで、どれだけあなたの恋人、奥さん、母親が救われるか？

「ありがとう」の言葉だけで、家族の中での「存在意義」を再認識出来るかを男性は分かってあげないといけません。

いや「いつも分かろうとしないといけない」のだと思います。

そして、実は「ありがとう」だけでは足りていなくて「いつも」を付けて「ありがとう」と伝えることが大切なのです。

なぜなら、「いつも」を付けるだけで「あなたへの感謝を普段から忘れてはいませんよ」と付加価値を添えることが出来るからです。

女が一歩下がるのではなく、男が一歩下がって支える姿勢が大切です。

女が一歩下がるのではなく、男が一歩下がって温かく見守るのです。

それが男としての使命や役割ではないでしょうか?

僕はそうやって恩人に教えてもらいました。

ちなみに僕は、尊敬を込めて奥さんの前では常に一〇歩ぐらい下がることを心がけています。

そんな中で、離婚歴があることを汚点にして自分の価値を下げてしまう女性が多い気がするのですが、全くそんなことを思う必要はありません。

これはメンタル心理カウンセラーとしても強く言えます。離婚歴がある方は、それだけの人生経験があるのです。

そして、離婚の数だけ愛してもらえたのだから、それは人生における一つの財産と素晴らしさだと僕は思います。自分はダメだと思うことはありません。

逆にその人生経験を魅力だと感じてくれる男性もいます。

◆家族の存在意義を一番求めているのは奥さん（お母さん）であること

◆「ありがとう」だけではなく「いつも」を付けることで存在意義の再確認を与える

◆女性が一歩下がるのではなく男性が一歩下がって支えてあげること

3　お互いの「幸せ」がどこか、すり合わせる努力が必要

僕は男と女って脳の感じ方が違うので、分かり合うことは出来ないと個人的に思っています。

だけど、分かり合おうと努力することは出来るはずです。要は調和を探すということ。

例えば、結婚をすれば意見の食い違いからぶつかることもあるかもしれません。

コロナ離婚という言葉が生まれるぐらいですからね……。

僕は、奥さんを人として尊敬をしているので、十歩引きますからぶつかりませんが（笑）。

ただ、客観的に見ると「それって我慢をしているだけなんじゃないの？　言いたいことはちゃんと言わないとうまくいかないでしょ？」と思う方も多いと思います。

もちろん、おっしゃっていることは分かります。

しかし、そうであっても距離感や距離の取り方を大切にしないと話し合いすらできませんし、また話が出来る雰囲気があってこそだと思います。

ちなみに僕は我慢していません。ただ奥さんに対して辛抱はしていると思います（特に男は……）。

なぜなら、奥さんになってくれる大半の方々は嫁いで新しい家庭に入ってくれるわけですから、うちの場合だと認知症の父と同居になるので、いつも感謝しかないのです。

たとえ恋人や結婚する相手が子連れでも、環境が変わる場所で他人と家族になるということを考えれば、やはり嫁いでくれる側の負担を考えることが大切ではないかなと思います。

逆も然りかもしれませんが、男なら大黒柱としてしんどいことがあっても自分で処理をして「辛いことも包み込める辛抱力」を身に付けることが大切だと、僕は思っています。

その力は日常の中でたくさん磨いていけますからね。

その心の部分をあえて見ないふりをして生活を続けてしまうと、価値観の不一致という結論になって離婚という選択肢が出てくるのかもしれません。

もちろん、離婚も一つの選択手段だとは思いますが、ちょっと待ってください。

そもそも価値観は違って当然だと思いませんか？

男と女は脳の感じ方は、身体の作りが違うように違います。

価値観以上に、将来に向けた結婚観の方が重要なんです。

だからこそ向き合うこと（価値観が同じなども含め）が重要ではなく、同じ方向を

共に歩いていけるかどうかが一番大切だと僕は思っています。

自分の立場や状況ばかりを強調するのではなく、お互いの立場になって考えてみながら「すり合わせが出来る所」を探して調和を繰り返していくことが、お互いの成長にもつながるはずです。

どちらもお互い「幸せでいたい」と思っているわけですからね。

なら、お互いの間にある「幸せ」がどこなのかをすり合わせる努力は、日頃から必要なのだと僕は思っています。

- ◆価値観が違うのは当たり前だと知る。重要なのは結婚観
- ◆常に調和するための努力を惜しまないこと
- ◆男は複数の視点を持ち、心の自己処理が出来る強さを身に付ける

---

4 距離の取り方を大事にしていけば調和が生まれる

いつもポジティブで明るい人のことを「太陽の人」と言う。また逆に消極的で人見知りな人を「月の人」と言う。

「太陽の人」の所から「月の人」の悩みは、光が少なくて暗くてよく分からない。逆に「月の人」の所から「太陽の人」の考えは、あまりに眩しくて近寄ることが出来ない。

本来ならばどちらも歩み寄る心を持つべきなのですが、役割が違い過ぎると、さきほどお伝えした通り「調和」が難しくなります。

なので、最初は少しずつ慣れてきたら、今の自分にとってベストな距離からはじめていけば良いですからね！

特に「太陽の人」は常に前向きで明るい方が多いので、その場所から手を差し伸べてはくれるのですが、「月の人」に対して「仲間になりたいんだったら、自分から這い上がっておいでよ」というスタイルの方が非常に多いと思います。

もちろん、成長のためには当たり前かもしれませんし、最終的には自分から行動を起こさないといけませんよね？

ただ、人との距離感や距離の取り方は全員が違います。つまり、自分の価値観や常識が相手も同じわけではないということを前提としながら、距離を計る必要があるのを知っておいた方が良いと、自分の営業経験や介護の経験を通じて思っています。

ここは難しい部分になるかもしれませんが、ひょっとしたら「いちいち人に合わせて自分のスタイルを変えたくない」ということではなくて、誰もが無意識に距離を計っているので、「相手との距離の取り方」は非常に大切です。例えば最も重要なことを「結論」として最初に伝えても、「距離の取り方を知らない」と伝わらないことの方が多いということです。

伝え方を知ることや学ぶことは非常に重要ですが、その前に目の前にいる相手との距離感を肌で感じようと察することが、常に必要な世の中だと思ってくださいね。

例えば僕の介護経験でお話をさせて頂くと、介護を受ける母に対して「太陽の人」である僕が、毎日ですよ――

「母ちゃん、今日も前向きに頑張ろうね！　毎日落ち込んでいても何もはじまらないし、ずっとマイナスに考えていたら身体にも悪いよ。だから少し無理をしてでも前向きに考えて、今日もポジティブに頑張ろう！」

と言い続けたら、母も苦しくなりますよね？

つまり、常に太陽の場所から手を伸ばすのではなく、月の人と話せる場所まで行ってあげることも時には必要だということです。

そこまで行かないと分からないことが絶対にあります。

事件は会議室で起きているのではなく、現場で起きているのだと同じ理屈ですね。

距離感、距離の取り方を大事にしていけば調和も生まれやすくなりますよ。

◆人との接し方で重要なのは、人によってスタイルを変えることではない

◆自分と相手との、人としての器の距離感を知ることが重要

◆距離感を知った上で、距離の取り方（目配り・気配り・思いやり）を磨くこと

5　自分をコントロールできるのは自分しかいない

例えば、僕がやっている父の介護でもそうですが、仮に相手が怒っていてもうまくいくように「あなたは自分の感情に責任を持って冷静に対応できる人」を目指していく必要があります。

なぜなら、相手の怒りだけではなく、日々の出来事も含めて、自分の心が怒りで支配されないようにするためです。

怒りや憎しみからは「更なる怒りと憎しみ」しか生み出されませんし、これまでのいろいろな過去の出来事までも一緒になって怒りが膨張していくので、普段の自分とは違った歪んだ考え方が軸となってしまいます。

怒りやいらだちのエネルギーを使って「解決策」を探すために相手と向き合っても、

原因は相手にあるとしか思えなくなりますから「調和」に向かっていきません。

また、素の自分では自己表現が苦手だからこそ、怒りの力を使って会話をしようとする人もいますが、自己防衛も含めてそうなってしまっているので当然ながら冷静な対応や判断が出来ず、相手にも更なる怒りを与えてしまいかねませんよね？

常に一〇〇対〇の勝ち負けだけで解決策を探るのではなく、「相手が怒っているから、その反動で自分も怒ってしまう」では未来の解決にはなりません。

もう少し怒りを探っていくと、人間の怒りには一次感情と二次感情の二つが備わっています。

簡単に言うと、一次感情とは目の前で起きた出来事や他人から聞いた出来事に対する怒り。二次感情はというと、相手の言葉や伝え方や自分勝手な行動などを指します。

僕たちが私生活を通じて生きる上で、他者に対して理解をしないといけないのは一次感情の出来事そのものではなく、起こった出来事に対して「あなたがどういう意味を付けてあげるか？」で、怒るか、怒らないかの価値観が決まっていくのです。

人それぞれが違う価値観を持っています。全てが同じだという人は誰もいません。

なぜなら、自分の常識は他人にとって非常識かもしれませんよね？

要は怒りとは、自分の価値観や期待が裏切られた時に起こりやすくなるのです。

だからこそ、「受け取り方を変える思考習慣」が、怒りに対して役に立っていくのです。

そして、僕たちが持っている価値観そのものは、基準が一つだけしかないのではなく、いろいろな出来事や関心に対して一つずつあるということを知っておいてください。

例えば、「こういう場面に遭遇したら普通はこうすべきだろ？」とか、「人としてこうでないといけない」という「簡単には譲れない価値観」が誰にでもあるということです。

自分が譲れない価値観をまとめたものを、専門用語では「コアビリーフ」と言うのですが、幼少期から現在までに蓄積された「コアビリーフ」は自分が生きる上での絶対的なルールに近いものがあり、意思決定に対しても大きな影響を与えています。

つまり、正しいと信じて疑わない価値観は人それぞれであるという認識がないといけません。

だからこそ、相手のことを理解する心や妥協点を見出していくために調和が必要になっていきます。そうしないと人間社会で生き抜くことが窮屈になりかねません。

分かりますでしょうか？　だからこそ、考え方や受け取り方を変えないといけません。

社会に対して窮屈に感じてしまいがちになるのは、自分の中で勝手に形成されていった、本来なら必要のないイラだちや怒りを引き起こしやすい考え方が影響していることがあります。

だからこそ、別の章でお伝えする「受け取り方を変える思考習慣」が怒りに対しても役に立っていきます。必要のないイラだちや怒りは、自分の成長に対してプラスにならない信念になっていることが多くて、自分勝手な思い込みを貫いてしまうと、怒りの引き金になりやすいのです。

自分の機嫌が良い時は、怒りの引き金になる価値観は出にくいのですが、ふとした出来事や言動を受けてネガティブな気持ちになっている時は、自分が持っていた歪んだ価値観に則って、マイナスの意味付けを引き金として選んでしまっていることに気づかないといけません。

僕たちは人それぞれですから、ズレがあるのは当たり前だという認識だけは持って人と接していかないといけませんし、一次感情と二次感情を知った上で、自分の成長につながる意味付けを生み出して上書きする勇気が必要になります。

ただ人間として生きている以上、ネガティブになる時はあります。
ネガティブがあるからポジティブもありますよね？
だからこそ、怒りに対する意味付けを良い方向にもっていくために、相手を傷つけないためにも、上書きさせることで怒り自体をコントロールすることが出来るのは確かなことです。

なぜなら、**自分をコントロールすることが出来るのは自分しかいないからです。**

つまり、成長していくためには時に心にも「成長痛」があることを知り、それが理想の自分に近づけていることを知っておいてください。

例えば、「今の自分がこうなってしまったのは生まれた環境のせいだ」という価値観があれば、「いや自分と同じ環境だとしても必ずしも同じような結果になるとは限らない」から、自分が変われば「新たな生きがいを見つけることは可能かもしれない」と上書きをしてみようと試みて行動してみるのです。

また介護している経験から言わせてもらえば、介護される側も自分の病気に対して怒りが出ることがあります。八つ当たりをされることだってあります。

これは介護だけではなく、普通の家庭の中でも起こることです。

だからせめて自分だけは、怒りの奥に隠れている感情を理解しようとする思いやりや優しさを常に持って、自分の対応力を相手に知ってもらうためにも、常に日々の中で良き行動を自分の意志で示していくことが非常に大切だと僕は思います。

仮に一次でも二次感情だったとしても、相手を察し、自分の心に浮かんでいる怒りの感情から共感に変えたり、許容してあげた上で、相手自身が自分でコントロール出来るように導いていかれるようにするためにも、結局は自分が先に変わっていくことが求められていきます。

シンプルにお伝えすると、あなたや目の前にいる人が常にどんな感情で満たされたいのか？　なのです。
もちろん、その場所に辿り着くためには成長痛が伴いますが、いつも自分をコントロールすることさえ出来れば、次の壁も、その次の壁が訪れても経験を活かして乗り越えやすくなります。

また、怒りは身体にも心にも良くないと言われています。

もちろんそれは正しいのですが、動物と同じで自分や相手を守るために使う感情でもあります。

ただ、角度を少し変えれば、ポジティブにもネガティブにもなるからこそ、私生活を通じて自分自身をうまくコントロールしてあげる技術が必要になっていくのです。

◆怒りには一次感情と二次感情があることを知っておくこと
◆必要のないイラだちや怒りを引き起こしやすい考え方
◆怒りに意味付けを与えて上書きして、自分をコントロール出来るようにすること

2章

自分の使命は何なのか考えてみませんか

6　全く気づこうとしなかった僕に、天が与えた使命転換の合図

いきなりおかしな話ですが、日頃の行いがあまり良くない時って、僕たちは「天は見ているから悪いことは出来ないよね」と言いませんか？

なら、あなたは天って何だろうと思いますか？

多くの方が神様や仏様と思うかもしれませんが、僕はある出来事を通じて、天は自分の命を紡《つむ》いで今に導いてくれた先祖の方々だと思うようになったんですね。

そう思うキッカケとなったのが、僕が二〇代前半の頃に一年の間で六回も交通事故に遭った経験がありまして……小さい接触を含めると七回なのですが……。

これちょっと普通に考えたらありえませんよね？（汗）

もっとありえないことをお伝えすると六回中の一回目と二回目は二日連続です……。

おまけにその二日目の接触事故は警察のパトカーでした。

しかも警察の時にだけ、僕からぶつけてしまうことになるのですが、あとは全て僕の車がぶつけられています。

その中でも三回目の事故がすさまじく、僕の事故のキッカケとなった車三台の玉突き事故でした。

やっと今日の仕事が終わり、自宅に向かう夜の二十一時に差し掛かろうとしていた時だったと思います。

普通に信号待ちをしていたところ、老夫婦の乗用車が七〇キロぐらいのスピードを出したままノーブレーキで、当時の愛車ＭＯＶＥにいきなり後ろから突っ込んでこられてですね……。

なぜ、いきなりこういう話からしているのかと言うと、僕はこういう経験をしないといけないぐらい心のレンズが汚れたままだったんですね。
そして生かされていることを分かっていないまま、生きていました。

どれぐらい心が汚れていたのかを書いてしまうと引かれてしまうので、少し割愛させてもらいますが、車からの行動を例にすると、窓から唾を平気で吐く、吸ったタバコは外にポイ捨て、灰皿に溜まったタバコも捨てる、コンビニで食べたご飯のゴミすらも捨ててしまうクズぶりです。

こういう生き方が「当たり前になっている人間」が、普段から頭の中で「〇〇さんのようになりたいな、若いうちに成功したいな、お金に余裕をもちたいな」といくら願っていても、ご先祖さんや親をはじめ、知人だって力を貸してくれるはずがないと思いませんか？

僕は、この三回目の事故の時ですらも全く気づこうともせずに、「今年は運が悪いな。なんで俺だけ、こんな目に遭うのだろうか？」ぐらいしか考えることが出来ていませんでした。

そこから更に数カ月越しに事故に遭っていきます。

そして最後の六回目あたりの交通事故を経験した時、ふと頭をよぎりました……。

「これはもう運が悪いという次元ではなく、きっと天から僕を見ている先祖さんたちが生き方を変えろ、自分の使命を全うしろ」と教えているのかもしれないと。

はじめて自分自身が生きる意味を深く考えないと、って思い始めたんです。

これまで「もっと頑張ろう」とか、「もっと真剣に……」などはあったとしても、そもそもの生き方を変えようなんて思ったことはなかったかもしれません。

なぜなら、僕の中にある軸が「自分は悪くない」と常に思って生きてきたからです。

むしろ「自分の人柄は優しい方ですけどね?」と言い切れるぐらいの感じでした。

仕事の先輩や上司、親に指摘されても、友達に注意をされても、その場は適当な空返事で乗り切り、心の中では相手に対して軽い逆ギレをするのが、僕にとっての当たり前だった気がします。

そもそもが自分に起きる出来事自体、家庭環境や身内のせいにしていましたし、その中で僕は「良くやっている方だ」とも思っていました。根本の原因の全てを外に向けて、「自分の現実は満たされていない」と思っていたのだと思います。

だからこそ、**使命感を持たない僕に対して、ご先祖さんがあの手この手で同じような試練を僕に経験させながら生き方の「方向転換」をさせようと気づきを与えてくれたのだと、今は痛感しています。**

今思えば、使命転換に気づかずに自分の生き方を変えていなかったら、未来の分岐点として出逢うべき人たちとも出逢うことが出来なかったでしょうし、僕の人生に起こる出来事も、良くない方向へと進んでいたのかもしれません。

なにより、そこから数年後に待ち受けている両親二人のガン介護と向き合うことも出来ずに自暴自棄になっていたと思います。

人は自分に訪れる出来事を何とか乗り越えようとはします。

ただ大切なのは、どう乗り越えていくのか？　なんですよね。

これは最短で乗り越える手段を模索するという意味ではなく、**良くない出来事が続くことが多いなら、六回目あたりに頭をよぎった僕のように、使命転換の合図かもしれないといつも気付こうと思える心が、今の時代は特に必要なのかもしれません……。**

僕はこう思っています。例えば自分は何もしないで親に乗り越えさせたり、他人をだまして乗り越えようとさせたりした分、本人が心の底から気付こうと思わなければ、シチュエーションは違えど同じような出来事が分かるまで起こります。

仮にその場だけの難を解決出来たとしても、何度も分かるまでは繰り返していくと経験から思えるようになっていきました。

ひょっとしたら、あなたも新しい使命感を持った生き方を得るために、これまでに天からの方向転換を示すような出来事がもう既に起こっているかもしれませんし、ご先祖さんに守られたとしか思えない出来事もあったかもしれません。

そう考えてみると、**先祖さんたちが紡いできてくれた自分の命を粗末にするような生き方はしない方が良いですし、周りを困らせたり悲しませるような生き方もしない方が、自分の人生を豊かにしやすくなっていくはずですよね？**

なによりご先祖さんの天運や親が積み重ねてきてくれた運も味方に付けやすいと、僕自身は思っています。

例えば、あなたの身近な所で何気なく起こる偶然の喜びやサプライズは、あなたをいつも想ってくれる方々がいろいろな所であなたのために動いて生み出されてきた

「必然の積み重ね」から生まれていることも多いんですよね。

そう考えてみると感謝しか出てこないんです。もう有難いなって……。

そういうふうに思えるようになって歩きはじめていくと、**あなたがこれから地道に徳を積んで生きた分、必ず天が味方をしてくれる出来事がいつも必ず起こっていきます。**

最初は僕も恩人たちがそう教えてくれてもどこか信じられませんでした。でも実践したらよく分かるようになっていきます。必ずです。

あなたが憧れている人だって、きっと地道なことを繰り返しながら今があるはずです。

だからこそ今からでも全く遅くはありません。自分の使命は何なのか？　そこから考えて一歩ずつ新しい道を歩きはじめてみませんか？

使命感を持って自分が歩いた軌跡は絶対にあなたを見捨てたりしませんからね。

◆先祖や家族が笑顔になる生き方と、自分の生き方を照らし合わせてみる

◆同じような出来事が続く時は、生き方の方向転換の合図

◆あなたが憧れている人の今ではなく、これまでを知る目線を持つこと

7　目に見えない部分を綺麗にすることから心がけていく理由

僕たちが生きる三次元の世界で、目に見える所がいつも綺麗に見えるのはなぜだとあなたは思いますか？

そう言われてみると不思議な感じがしますよね？

答えは、目に見えない部分が綺麗だからこそ成り立っているからなんです。

日本人としての誇りを忘れていない誰かが人知れず、普段から綺麗にしてくれているからこそ、社会も、地域も、あなたの家の周りも綺麗なんですよね。

例えば、自分の勝手なルールで自分が住む町を汚す行為だってですよ、自分が知らない誰かが黙って処理してくれているのですが、当の本人は感謝もなく自分の中にある当たり前の中で昔の僕のように生きています。

冷静に考えてみれば、たばこを捨てたり、ツバを吐いたり、ゴミを捨てるってことは、自分が住まわせてもらっている町を汚すこととなるのは誰でも分かると思います。

ただ、その反動が自分に蓄積されていくことをみんな知りません。

なぜ、まだその反動が蓄積されていることを知らないのかと言うと……、

今はご先祖さんや親が積み重ねてきた「徳」を使わせてもらっているからなんです。

自分の当たり前の基準が低いままだと、どうしても徳を消費するだけなので、これらがいろいろな出来事に変わって必ずどこかで自分に返ってきてしまいます。

昔の僕もそうだったのですが、誰かの親切や優しさをおろそかにした中で、多くの人たちは仕事がうまくいかない、家庭内がうまくいかない、対人関係がうまくいかないと悩んでいます……。見直すべき所はもう少し手前の部分からです。

僕が恩人たちから教えてもらった価値観から言わせてもらえれば、うまくいかないのは、日頃から根元を大事にしていない生き方の結果となってしまいます。

誰もいない場所や誰も見ていない所だからこそ、本来なら目を向けるべき配慮が相手のためにならないといけないはずなのに、そういう時こそ多くの人は自分の都合だけで物事の判断をしようとします。

その中で成功したいとか、人生を変えたいと思っていても成功法則からは大きくズレてしまうので、また振り出しに戻ってしまい、本来ならうまくいくはずのことすらもうまくいかなくなってしまうのです。少なくとも昔の僕はそうでしたから……。

僕も教えてもらったように「いつも天は必ず見ている」と思いながら、相手の喜びにつながることを真摯に考えてみると「普段の行動」も必ず、少しずつかもしれませんが、変わっていくのが僕たち人間です。そこからが本当のスタートだと思いますし、行動が変わった分、今までとは違う景色が見えてくるようになります。

そう考えると「パラダイムシフト」を自分の中で起こす必要性が出てきます。

パラダイムシフトとは？
これまで当然と考えられていた認識や思想、社会全体の価値観などを劇的に自分の中で変化させていくことです。

◆これまでの自分ならやらなかったことから、はじめてみる
◆表面に出てくる変化は、根元からの地道な変化の積み重ね
◆先祖さんや親が積み上げてきた徳を、使わせてもらって今がある

8　足し算と掛け算の生き方の違いで人生は大きく変わる

僕の普段の仕事は、WEB制作やコンサルティングを主としています。

その中でクライアントさんとスカイプやZOOM面談をして思うことは、まだ成功するための条件が整っていない成長段階にある中で、一気に飛躍したいと願っている方が非常に多いということです。

ちょっと悲しいというか、残念に感じてしまうのが、本人の願い自体が「一億円の宝くじが当たらないかなぁ〜」とフワフワしている感覚に近いからです。

もちろん、成功している人の「今だけ」を見ればそういうふうに思ってしまう気持ちも分かるのですが、本当に重要なのは成功している人の「これまでの過程」を知ろうとする視点を持つことです。

あなたが憧れている人だって、間違いなくゼロから一つずつ地道に積み重ねています。

失敗しても人に八つ当たりもせず、自分を愚弄することもなく、失敗を経験に変えてきたはずなんです。

地道に足し算の人生を積み重ねて、羽ばたく条件が整いはじめた時に、自分が思っていたような「掛け算の人生」が加速していきます。

ゼロの状態からどんな数字を掛け合わせてもゼロは「〇」のままですよね？

今なら僕もそう言えるのですが、昔はスタートラインにすら立てていませんでした。むしろ、これまでの生き方を総括してみると僕はマイナスからのスタートだったと思います。

しかし、一年に六回の事故を経験し気づかせてもらったお陰で、マイナスからのスタートに嘆くことはありませんでした。

それよりも「これまで生かされていることに目を向けようとしなかった僕には必要だ」と、もうその時は心から思えるようになっていました。

また「マイナスからのスタートだからこそ、あとは自分の力でのし上がっていくだけだ」という野心的な考え方以上に、こういうふうに僕は考えてみたのです。

それはどういうことかと言いますと……。

空の上からご先祖さんたちが僕の生き方を見てくれた時に、向こうが喜ぶことや願っていることと、自分が志す生き方を同じにすればいいのではないか？　と思ったんですね。

マイナスの所からゼロのスタート地点に戻るために、何からはじめるといいのか？

と、自分なりに考えてやりはじめたことは、道に落ちているタバコを目に付いた時に人知れず拾っていくことでした。
ちょっと表現が難しいのですが、たばこを拾う行為が「善」になるという宗教的な考えや、他人から賞賛を浴びるのが目的ではなくて、自分が住まわせてもらう街を、出来る範囲にはなるけれど、自分なりに綺麗にすることで社会貢献の一部になっていけたら……と考えて、やりはじめたんですね。

当時の僕はこういう所からはじめていくことしか思いつかなかったのですが、先祖さんが喜ぶこととイコールになると思いながら今も出来る限り続けています。
そこから得た視点や喜びも実際にたくさんありましたし、何より子供たちが真似をしてやってくれるようになっただけでも、未来につながっていると思っています。

今までとは違う生き方を少しずつはじめた僕の人生は、積み重ねてきた分、驚くほど大きく変わっていきました。

そこから素晴らしい出逢いや教えのお陰もありまして、僕は長年お世話になった会社を退職し独立をすることになっていくのですが、退職日に会社を出た瞬間、鳥の糞が僕の頭に落ちてきまして（笑）。

こういう出来事もなかなか経験出来ないことだと思いませんか？

もちろん、一瞬は「うわぁ～」と思いましたが、後輩たちが「松野さん、さっそく運（うんち）が付いてますね～」と笑っていたので、僕も一緒に大笑いしながら、きっとご先祖さんたちからの恩送りだったのだろうな、と思いながら家路へと向かったことを今でも鮮明に覚えています。

僕が自分の中で起こした最初のパラダイムシフトは、今まで気づいていたのに普段からやろうとしなかった所に目を向けて地道に続けていくことからでした。

たったそれだけのことを続けるだけで自分が変わっていくことに気付けますからね。

これらが自然に起きるのを単に待っていても何も起きません。
そこで起きるのは「変わることへのキッカケ」をなくすことだけになります。

人によって違っても良いと思いますが、変わるためのキッカケとなっていくのは表面的な所からではなくて、自分の根元から変化を生み出せる所を見つけることが先になります。

少しずつ私生活習慣を変えるキッカケを自分から与えていけば「考え方（思考習慣）」も必然的に変わっていきますよ。

◆自分の生き方をご先祖さんが喜ぶことと、同じにしていくことが大切

◆毎日の積み重ねを疎かにしなければ、勝手にうまくいきはじめる

◆自分の根元を変えるキッカケを見つける場所を、探してあげること

9　思考習慣を生み出す重要性とは？

昔の僕は日頃から愚痴が多かったり、自分に起きる出来事を他人に向ける癖が抜けきれませんでした。

それは自分の思考習慣がそうなっているからなんですよね。

僕が人生の恩人や母から教えてもらった共通点として強く伝えられることは、**私生活習慣と思考習慣はイコールだということです。**

本当に根元から私生活習慣を見直して一つずつ変化を付けて実践していかない限り、自分の思考習慣はこれまでと同じままなので、頭では変わりたいと思っていても変化を生み出すことがとても難しくなりますし、自分事にしか関心が抱けなくなります。

僕の仕事を通じて例えるなら、はじめて面談などをするクライアントさんは、普段の仕事以外でも収入の柱を作り、とにかく一日でも早くお金を稼ぎたいと思っている方が大半です。

もちろん、こういう時代ですから気持ちはよく分かるのですが、うまくいっていない思考習慣からの相談なんですよね。

だからこそ、お金を稼ぐためにも根元を変えていく所の重要性を僕はお伝えするのですが、お金を稼ぐことだけに焦点が当たっている状態なので、稼ぎ方や取り組み方を教えても当然ながら続けることが出来ません……。

自分の中での私生活習慣が整っていないと、新しいアイディアだって生まれないし、自分を成長させようというモチベーションだって保てなくなります。

だからこそ自分の人生を豊かにしたいのならば、私生活習慣を変えると必然的に思

考習慣も変わりはじめていくんですよね。

なので、もしもあなたの今があまりうまくいっていないのならば、今の思考習慣でどれだけの人を喜ばせることが出来ているのか？

家族や人の役に立てているのか？

そして自分と同じぐらい大事な方たちを大切に出来ているのか？　という部分に対して、真摯に考える時間を作ってあげてみてくださいね。

そうは言っても大半の方がやろうともしないですから、あまり難しく考えなくて大丈夫です。自分にとっての「当たり前の基準」を上げていくだけですからね。

◆新しいことをはじめる時は、私生活習慣を変えること
◆自分の一日の生き方が変われば、考え方も必ず付いてくる
◆思考習慣が変われば、一日の行動の方向性も明確になっていく

10　人が喜ぶ当たり前の基準を増やしていくことが大きな成長へとつながる

人が喜ぶことに対する「自分にとっての当たり前」を増やしていけば、勝手に自分の器が広くなっていきますし、何より周りから見たあなたの魅力が上がっていきます。

そのためにも、まずはどうすればいいのか？　と言うと……。

これまでの自分だったら面倒だと思ってやろうとしなかったことを、すぐにやれることからで良いので一つずつ確実にはじめていくことです。

たったそれだけのことを日常の中で取り入れて行動していくだけで、必然的に当たり前の基準を高めることが出来ますし、何より人として大きく成長していけますよ。

例えば、本当は目に入っているのにやっていないこと。例えば部屋のかたづけ、ゴミを拾う、頭の中では分かっているはずなのに、心がやろうとしなかったこと、いつも後回しにしてしまう仕事や用事をその日に終わらせるようにする。

こういう所からはじめるだけで、自分の意識改革はもう成功したようなものです。

人生を変える出来事の根元になるのは、大半のことが日常の中で実践することが可能ですからね。

仕事のキャパや対応力、そして家族との会話やコミュニケーションも良くなりますし、今までだったら精神的にしんどいと感じる出来事ですらも、確実に軽減して自分に余裕も出てきます。

改めて考えてみると、普段から抱いている面倒なことや苦手な所に自分が得たい答えがあると思えませんか？

そもそも僕たちが当たり前に過ごしている日々は、戦争によって亡くなられた多くの犠牲の上で、今の日本が成り立っています。

これは日本人ならば心の奥底ではみんな分かっているはずなんですよね？


だけど現実はどうでしょうか？

多くの人は、戦争で亡くなられた方が眠っているからこそ……という思いは薄く、過去の僕みたいに平気で道に唾を吐いてしまう、たばこもポイ捨てしてしまう、男性なら立ち小便もしてしまう始末です……。

誰もいない真夜中だったら平気で信号無視だって、徒歩なら、なおさらしてしまいがちではないでしょうか？


多くの犠牲があって今が成り立っている感謝を忘れてしまい、自分のルールで自分が住んでいる街を平気で汚しています。

これらの積み重ねが今の日本の一部に反映されているのではないのかと僕は思って

います。

そういう時の価値観は脇に置いて、社会のルールや常識を守れとＳＮＳを中心に名前も隠して誹謗中傷を繰り返している世の中です。残念ですよね……。

また、あるコラムなどを覗いてみると、日本人は能力が高いのだからもっと勇気を出して海外で活躍すべきだと目にしますが、今の誹謗中傷が当たり前になっている人が海外で活躍できるはずがありませんよね？

それ以上に、海外の人が憧れる日本人へ、そして海外の人が日本に来たくなる姿でいるべきではないでしょうか？


そのためにも、今の自分の立ち位置から未来の子供たちに対して何が残せるのかを考えると、次へつなぐためには当たり前の基準を上げるしかありません。

もっと世の中を良くしたいと誰もが少なからず思っているはずなのに、国や政治家、そして勤めている会社のことをどうこう言う前に、まずは自分が住んでいる町から、そして自分の範囲内からでもいいから、自分も相手も明るく元気になることから、はじめてみることが大切ではないでしょうか？

もっと僕たちの基本軸は、常に世界と関わる「参加者」であるべきだと僕は思っています。

自分と自分のビジネスのためだけに現実を見ているのか？　それとも未来のために自分と自分のビジネスを見ているのか？　どちらの目線を持っているのかを真摯に問いかけてみてくださいね。

そういう時間を持つことがかなり重要な時代になりました。

前者であればあるほど成功しそうで、成功しない世の中になってきています。

当たり前の基準が高くなれば、毎日自分を成長させていくことに一歩ずつつながっていくはずです。

◆普段から「しないこと」が当たり前ではなく、「すること」が当たり前の自分にしていく
◆人以上の「良き当たり前」が増えれば、成長のスピードも速くなる
◆自分だけがやっても……ではなく、何事も自分から地道にはじめていくこと

11　昨日の自分を一ミリ超える考え方

末期ガンで亡くなった母が僕に教えてくれたことの一つに、

「昨日よりも一ミリでもいいから前に進めば、また明日から新しい自分をはじめられる」

というものがありました。

どんな小さなことでもいいから何か一つだけ。
それが知識になるか、経験になるかは分からないけど、**昨日の自分を超えるために新しい何かを自分に付け足していけば、毎日新しい自分に生まれ変わることが出来るし、何度でも新しい人生をスタートさせることが出来るから**という教えでした。

ただ、今の僕から言えることは、昨日の自分を超えていくために、知識や経験を付け足していくことはもちろん大切だと思うのですが、自己満足で終わるのではなく、得たことは誰かのために行動を起こして使っていかないと、得たこと自体が腐敗しかねないので、ちょっと注意が必要かなと思っています。

何より最も大切なことは、知識や経験を得る中で「自分を磨く」部分の認識を勘違いしないことなんですよね。

自分を磨くというと単純に知識や経験だと思いがちなのですが、知識や経験を得ることで自分の「劣等感」を削り落としていくことが本当の意味での自分磨きになります。

例えばダイヤモンドの原石も研磨していくことで少しずつ輝きが出てくるものです。

それなら僕たち人間も、新しく得た知識や経験から自分の凝り固まった劣等感をダ

イヤモンドのように削っていきながら、真新しい自分を生み出す努力を普段から惜しまないことで「昨日の自分を超えていける」のだと思います。

ただ、ここでも注意しておくべきことがありまして、自分の身の丈を合わせずにいつも背伸びをしたり、見栄を張ろうとしてしまうことはあまり良くありません。

それはなぜかと言うと、人には「心のステージ」が備わっているからです。

◆毎日、必ず何か一つだけ新しい知識を入れること
◆毎日、必ず誰か一人を笑顔にすると決めること
◆明日を迎える度に、今日から「新しい自分のはじまり」と思ってスタートする

12 心のステージを一段ずつ上っていくこと

心にはステージがあると僕は恩人たちに教えてもらいました。

地道に当たり前の基準を高めて徳を積み上げていくと、必然的に心のステージが上がっていきます。

それを実体験として感じるのが「出逢いが変わる時」です。

ただ多くの方は勘違いをしていて、例えば心のステージを上げるための一つの投資として、いろいろなセミナーに足を運び、懇親会などにも積極的に参加するなど、とにかく必死に出逢いを増やす行動を起こします。

ですが、ある部分を怠ったままなら、そんな行動は必要ないと言われました。

もちろん、出逢いを増やしていくのがダメというわけではありません。
ただ、その手前の所が疎かになったままやるべきことではないということ。

それでは、どうすれば普段と変わらない日常生活だけで心のステージを上げていくのかというと、ごくごく普段から当たり前に接する人たちを仕事やプライベートを通じて喜ばせることや、子供の立場からなら親を安心させたり、裏切らないことが重要になっていきます。

今のままじゃダメだと思うことは間違いではありませんが、ちょっとした思い付きだけで行動を起こしても、そう簡単に心のステージは上がりませんし、何よりそのステージに居続けるための力が足りなくなっていきます。

もっとシンプルに「今のままじゃダメだと思う、その力」を、普段当たり前に接す

る人たちのために使っていけば、勝手にあなたに対する周りからの見え方が変わっていくので、必然的に新しい縁がもたらされていきます。

つまり、憧れている人たちがいる心のステージに背伸びをしたままで居続けることは、やるべきことを積み上げてからでないと出来ないからこそ、自分が積み上げてきた徳を使ってそのステージに辿り着かないといけません。

どうか今のままじゃダメだという部分を履き違えることなく、今まで以上に目の前の人を大切にすることからはじめてみませんか？

そういうふうに行動をしていくことで自分の使命感にも早く気づけるようになっていきます。

◆普段接する人たちが、自分の「出逢いや成長のキッカケ」を持っている
◆思いつきだけの行動は、一週間も続かないことを知っておくこと
◆無理して出逢いを増やす努力は必要ない。大切にすべき人たちは、目の前にいる人

13 誰でも自分の使命感は見い出すことが出来る

自分の使命感を持つためには「大切な人のために生きる」という軸が必要なのですが、「僕には、私にはそういう人がいない」と少しひねくれた考え方をする方がいます。

果たして本当にそうなのでしょうか？

両親二人のガン介護を在宅でしてきた人間として思うことは、私生活を通じて本質の部分に気付こうとしないからこそ、自分に与えられた使命を全うすることが出来ていない状態がただ続いているだけだと思うんですね……。

結果的に多くの方は、ただぼんやりと未来を考えて毎日を彷徨《さまよ》っているような感じなので、なかなかうまくいかないということは自分自身が必然的に招いているかもしれないのです。

プライベート的なことなら、いつも目の前の人が喜ぶ一歩先のことを考えて行動を起こす。

仕事なら相手が期待している以上のことをする。

目配り、気配り、思いやりを丁寧にやっていくだけで、人を笑顔にしたり、安心させる生き方は誰でも生み出せます。

仮に今仕事をしていないからとか、独り身だからそれらを見い出せないとしても、それなら「自分の命を紡いでくれた人たちに恥じない生き方をすれば良いのではないか?」と、僕は介護を通じて今まで以上に思えるようになりました。

例えば、僕たちの人生では仕事をしている時間が多いのですが、その中で「誰も自分の頑張りや努力を見てくれない」とか、「誰も自分のことを分かってくれない」と感じることも時にはあるかもしれません。

しかし、自分が気づいていないだけで誰かがどこかで見てくれています。

そして何より天は必ず見ています。これは間違いありませんからね。


自分から逃げる日が続いていく分だけ、大きな勇気が何倍も、何十倍も、踏み込む時に必要となっていきます。

だからこそ、僕たちは早い段階で自分自身と向き合う時間が必要なのです。

なぜなら、僕たちは「自分のことを分かっているようで分かっていない」ことの方が多いからです。

◆大切な人のために生きる意味を履き違えないこと
◆自分から逃げてしまう日を増やさないこと
◆自分の努力は必ず誰かが見てくれると信じて生きること

3章　必要なのは貢献感で生きること

14 自分は何者であるのかを先に知る必要性

誰もが、「自分のことは自分が一番分かっている」と思っているはずなのですが、そんなことはないのです。

なぜなら、自分という存在は誰よりも近すぎるからこそ、実際はよく分かっていないのです。

例えば遠くから「あ」という文字を見れば、誰でも「あ」と分かると思いますが、極端に目を近づけたら「あ」とは分からなくなるように、自分という存在も近過ぎるとよく分からないものです。

また社会に出て「働いている自分」こそが、普段の自分だと思っている方も多いのですが、メンタル心理カウンセラーの立場から言わせてもらうと、そういうわけではありません。

もちろん、それも自分の一部なのですが、よそゆきの自分って本来の自分ではないのです。

社会人の年齢となり、外に働きに出るとチームや組織のことも考えた上で仕事をする必要があるので、時にはいつも以上に良い人や悪い人を、あえて演じて生きていかないといけないこともあります。

だから自分らしく生きられない時が多くなるからこそ、家に戻ったらドッと疲れてしまう傾向が強くなったりしませんか？

よそゆきの自分で頑張った分の反動で、家に戻ったら家族に八つ当たりしてしまった方もいらっしゃるかもしれません……。

つまり「真の自分を知らない」からこそ、モチベーションを上げる・下げるという切り替え作業が自分に必要となるんですよね。

そもそもモチベーションは常に心の奥底で保ち続けるものです。ちゃんと自分を知ればそれが出来るようになっていきます。

オンとオフを自分の中で無意識に切り替える度に大きなエネルギーが必要なので、なるべく仕事もプライベートも「ありのままの自分」で過ごせるように自分をコントロール出来るようになった方が、自分の人生を地に足を付けて歩けますよ。

多くの方は「本当の自分は何がしたくて、何をしたくなくて、何が好きで、何が嫌いで」などがぼんやりとしています。

その状態の個人が集まったものが大衆と呼ばれて、それらが一つの常識となって僕たちは生きています。

例えばよくある話で、何かのことで誰かにアドバイスをもらえば「自分と向きあってみます」と会話の中で使われていますが、実際にやっているのは一人の時間を通じて頭だけで悩んでいるだけがほとんどなのです。それは自分と向き合うとは言いません。考えているつもりになっているんですね……。

ただ、あなたが悪いわけではありません。

そもそも、僕たちは「自分の棚卸しを行う作業自体」を学校や社会で教わっていないからこそ「自分との向き合い方」を知らないのです。ありのままの自分をなるべく保ち続けられるようにするためにお勧めなのが「自分の棚卸し」です。

ブレインダンプという手段で、さきほど明記した通り、自分は何が好きで、何が嫌いで、何に興味があって、何が得意で不得意で、どんな実績があったのか？　どんな資格が欲しいのか？　本当にやりたいことは何なのか？　理想の自分はどんな人になりたいのか？　などを箇条書きでよいのでノートなどに書いていくだけです。

その中でも特に**自分の弱さや甘えを知り、これらを否定や拒絶するのではなくて、まずは全部受け止めて許してあげることが大切です。**

そして、これらを自分の中にある強みや思いやりでカバーが出来るようにしてあげて欲しいんですね。

自分自身をコントロールするために必要な作業だと思って頂けたらと思います。自分を癒す生き方が出来るようにするためにという感覚にも近いかもしれません。

自分の棚卸しをすれば、これまで気づけなかった、知らなかった自分の価値観や新たな可能性が必ず見えてきますので、普段の私生活においても、その中で生きる自分を別の角度から眺めたり、見つめ直す力も少しずつ備わっていきます。

これまでのように自分に無理をさせないためにも、先に自分を知れば自然に相手の

ことも深く知ろうとすることが出来るので、今まで以上に相手の心情も理解が出来るようになっていくと思います。

「ありのままの自分」でいるためには、自分のことを置き去りにしたまま相手のことだけを知るための努力ばかりをしてはいけません。

自分のことも、相手のことも、どちらも理解しようとすることが必要なんですよね。

もちろん、相手を知ろうと思うことはとても重要なのですが、相手を知ることよりも先に「真の自分自身」をあなた自身が知っておいた方が相手のことも知りやすくなります。

別の形で言い換えれば、人って常に相手と一緒に「幸せになることを諦めていない」からこそ、ありのままの自分でいることを目指してはいるのですが、普段が相手のこと以上に自分のことを分かっているつもりで生きているので、どこかで無理をしていないつもりでも少しずつ無理が出てしまい、最後はその「原因のベクトル」を相手に向けてしまう傾向が出てしまうのかなと僕は思っています。

だからこそ、自分の棚卸しを行うことがとても重要で、「自分は何者なのか?」を把握しておくと「ありのままの自分」へと近づけるようになっていきます。

ただ「ありのままの自分で生きる」のと「マイペースで生きる」のはイコールではないので、そこは気を付けてくださいね。

◆自分を知るために必要なのは、頭で考える時間ではないということ
◆自分の棚卸しを行っている人はほとんどいないからこそ、すぐにはじめる
◆相手を知るためにも、先に真の自分と向き合っておくこと

15　マイペースな生き方で良いと言われるのには裏がある

おそらく昔の僕みたいに、あなたも人生の先輩や職場の上司などに「自分のペースでやったらいいよ」と優しく言われたことはないでしょうか？

そして、それらを真に受けて勘違いをしてしまい、常にマイペースを大事に生きていませんか？


これですね、僕の経験からお伝えしておくと真に受けない方が無難です。

損をしてしまうのは半年後、一年後の自分になりかねないからです。

自分のペースという言葉の裏には、実は諸先輩たちが与えてくれているたくさんのヒントが隠されていることがとても多いので、自分の成長のためにあえて試されていると常に思った方が良いと思います。

もちろん生き急げとは言いませんが、時間こそが最も尊いものであるからこそ「マイペースでやったらいいよ」と言われても、自主性を持ってやるか？　主体性を持ってやるか？　をいつも試されているだけに過ぎないと僕は学ばせてもらいました。

もしも、今のあなたが何かを成し遂げようとしている時や、僕のように介護なども含めた生活をしている中で、何も背負っていないならまだしも、果たしてマイペースのままでこの少子高齢化社会を生き残れますでしょうか？

おそらく、マイペースを自分の基準にして生きていくと、当時の僕もそうでしたが高い確率で歳を重ねる度に後悔をすることになるかもしれません……。

なぜなら、マイペースというのは「ある領域に達した人間」だけがコントロール出来るスキルだからです。

全てにおいて最初の状態から誰もがずっと平等ならば、マイペースも良いかもしれませんが、残念ながら僕たちの人生は平等ではありません。

ひょっとしたら本当の意味での「スタート地点」にさえ立てていないのなら、なおさらです。

僕たちの人生は平等ではないからこそ、その差を早く埋めていくためにも、あえて自分の人生に少しずつでもマイペースな所に負荷をかけた方がいいです。

それは、しっかりと地に自分の足を付けて生きられるようになるためでもありますし、それこそが大切な人を守れる自分へと成長していくためでもあります。

だからこそ、マイペースの奥に隠れている真意に、自分なりで構いませんので、その距離をどれだけ短縮できるかどうかは、全て自分自身の生き方にいつも委ねられていると言っても過言ではないと思います。

つまり、自分の人生に少しずつ負荷をかけていくということは、一日一日に対して手を抜かず「丁寧」に生きることであり、今の自分がやるべきことに主体性を持っ

て全うしていくことだと僕は人生の恩人たちに教えてもらったのです。

今より少しでも昨日の自分を超えるために負荷をかけた分、自分の器が大きくなりはじめますし、視野だって広くなっていきます。そうすれば自分にも、相手に対しても気持ちの余裕が出てくるし、結果的に平等ではない人生の差を縮めることにも先々ちゃんとつながっていきます。

そんな中で自分に情熱を注ぐためのペース配分を邪魔するタイムバンパイヤの筆頭に挙げられるのが、常に僕たちの身近にある「スマホ」です。

一日にどれだけの時間をスマホに使っているかを、冷静に考えたことはありますか？

ちょっと考えただけでも怖くなるぐらいの時間だと思います。

マイペースの奥に隠れている真意と同じように、今スマホを見ている時間の裏に隠れている本質は、将来の自分に必要となる時間に対してマイナスを与えていることが多いと思います。

もちろん、全てとは言いませんが、視聴の大半は自分への投資ではなくて、ただの浪費にしかなっていないことがほとんどなんですよね。

電車が来るのを待つ人やバスの中にいる人の多くがスマホを見ています。ほとんどが芸能関係のニュース、ツイッターのツイートを流し読み、友達のインスタをチェックしたり、誰かとＬＩＮＥをしているかです。

その視聴時間はあるのにも関わらず、人は「忙しい……」という言葉を選んでいます。

「忙しい……」だけで全てを誤魔化すのではなく、一日五分～一〇分からでもいいので、自分のやりたいことにつなげることにスマホを見るのにも時間を使ってあげませんか？

一日五分×三〇日、一日一〇分×三〇日だけでも自分への投資は出来るはずですよ

ね？　これらの時間を累計していけば、どれだけの時間になるでしょうか……。

あなたがマイペースでいたいなら、なおさら「ある領域」までは辿り着かないと時間の使い方もうまくなりませんし、調整することも出来ない状態が続いてしまいます。身近ではない他人の近況に自分の時間を使うのではなく、自分に与えられた時間をもっと大切な人の笑顔のために使うと、もっと自分の人生を謳歌出来るようになります。

なぜなら、僕たちが生きる喜びを得るために最も必要なのは「貢献感」だからです。

◆マイペースでいいよ、の裏には試されることの方が多いと知ること

◆人生は平等ではないからこそ、自らに少しずつ負荷をかけて器を広げていく

◆自分への投資が浪費になっていないかを、確認出来る自分でいること

16　今を生きる僕たちに必要なのは、「貢献感で生きる」こと

僕たちは人の役に立つことで生きがいを感じながら生きていける動物です。

これは資格取得者の立場からも強く言えることでして、誰かのために何かをさせてもらったことで「ありがとう」と言われれば嬉しいのと同じで、それが貢献感になります。

この貢献感があるだけで人は強く生きられるし、仕事をする上で最も大切な感情の一つになります。


そして、「ありがとう」を頂ける数が多い方ほど、自分が知らない小さな所から口コミが広がって、更にシェアされていきながら、いつの間にかお金も稼いでいけるようになっていきます。

仕事で喜ばれれば質自体も上がっていくし、人に喜ばれることが増えると自分の品格も今まで以上に上がっていくと、僕は人生の先輩たちから学ばせてもらってきました。

本来であれば、貢献感って誰でも持っているものですが、残念ながら年齢に関係なくやりがいを見い出せないと悩む方も非常に多いです。
ただ、やりがいは見つけたり、見つかるものではないかなと僕は思っています。
なぜなら、やりがいは「自分の内側から常に生み出すべきもの」だからです。

会社に雇われている気持ちだけで働くのではなく、どの仕事だって自分が社長になったつもりで物事を考えてみると、やりがいも生まれやすくなっていくと思いませんか?

僕たちは楽しいから一生懸命になってのめり込んでいくのではなく、どの出来事に対してもまずは一生懸命やろう！　という気持ちでやるから楽しくなっていきます。

それこそが自分の「仕事」が「志事」になっていくということですし、そして「志事」があなたに「仕事」を教えてくれます。


そうなると必然的に貢献感が増えていくはずです。

少なくとも僕は、人生の恩人たちのお陰で実感出来るようになっていきました。


どれだけ相手のことを考えて仕事をしてきたか？


サラリーマンならお客さまの前に同僚や後輩、そして上司や社長を喜ばせたかです。

これらを丁寧にこなせる人ほど、「返報性の法則」が働き、自分に戻ってきます。

だからこそ、いつもお客さまに対して仕事が出来るのです。

常に自分の内側からやりがいを生み出して、貢献感であなた自身が満たされていけば、自分の力で自分に生きがいを与えることが出来るようになっていきます。

しかし、やりがいを生み出す所にも注意点があって、例えば仕事の売り上げを伸ばすことだけにやりがいを感じるのだとしたら、いつかどこかで燃え尽き症候群に陥ってしまうこともありますし、そうなると自分の価値や質を自ら落として心の病気になる人だっているぐらいです。

なぜ、そういうふうになっていくのかと言うと「目的と目標の違い」から出てきます。

◆毎日、他者から「ありがとう」を、どれだけ言われているかを見直してみること
◆やりがいは見つけるものではなく、自分から生み出していくもの
◆何事もまずは一生懸命にやってみようと思う姿勢の方が、貢献感を得やすくなる

17　目的と目標の違いを明確に知ること

よく、自己啓発セミナーや本では、「成功するためには目標設定が重要です」と、当たり前のように言われています。

もう少し噛み砕いてみると、ぼんやりとした目標設定だからこそ、あなたの目標は達成出来ないのであって、簡単に達成できる小さな目標設定からはじめていけば良いのだと言われています。

ただ、経験があるかもしれませんが、仮に小さな目標設定でもあっても達成できないことの方が多いと思いませんか？

それはなぜかと言うと、「目的なき目標設定」は高い確率で叶わないようになっているからなんです。

明確な目的を自分が把握しているからこそ、目的を細分化してはじめて目標が生み出せます。

また、自分の現状を良くも悪くも正しく認識していないと、目標にすら向かうことも出来ません。


それらを踏まえてお尋ねしたいのですが、あなたが目的としているゴールはそもそも何でしょうか？

いや「どういう人間になっていきたいのか？」を決める方が分かりやすいかもしれませんね。


まずは目的を決めてみませんか？

将来の自分はどんな人物になっていきたいのか？　という部分ですね。

そこを決めておかないと、仮に夢を持っているとしても常にフワフワしている状態ですから、当然ながら現実化していきません。

もちろんしんどくもありません。ただし叶うこともありません。

本当に実現したいのなら「夢を現実」に切り替えないといけません。

現実に切り替えると準備がはじまりますから、今までよりも負荷がかかります。

しかし、ここではじめて「僕たちの夢（目的）を叶えるのは現実の積み重ねに過ぎない」というシンプルな答えにたどり着いていけるわけなのですが、
多くの方が、本当は自分にとって必要な出来事ばかりなのに、自分を肯定しながら何かしらの言い訳を探して、自分の人生なのにそこから逃げていきます。

もちろん、逃げることも一つの勇気なのですが、逃げたままの状態からでは変化は起こりませんよね？

目的が決まっていないからこそ、普段から面倒だなと思う所に大きな気づきや学びがあることに気づくことが出来ないまま、楽な方へと向かおうとします。

逃げ続けた数だけ、逃げ続けた時間だけ、どこかで向き合う時に大きな勇気が必要になりますから、目的を決めることに時間を使ってあげてくださいね。

どんな人になっていきたいのか？　という目的が決まったら、次は目標を決めないといけません。目的と現状の間にあるものが「問題」としてあり、この問題を埋めていくのが「課題」だと思ってください。

それを知っておくことが「ライフプラン」を作り出すためにも非常に重要になっていきます。

そして、この一つ一つの「課題」に対して初めて「小さな目標」を定めて毎日を謳歌していくこととなります。

改めてそう考えてみると、スマホで芸能関係の視聴に時間を使うことはもったいないと思いませんか？

たった一度だけでもいいので、目的に対するロードマップを自分なりに作ってみるといいですよ。

九九パーセントの方がそういうことをせずに目標ばかりを決めているので……。

目的に対する目標のロードマップを作れば、出来ることはすぐに出来ますし、面倒なことが出てくれば早めに向き合って次の経験に変えられるようにしましょう。

大丈夫です。毎日を丁寧に生きていけば、その心は必然的にちゃんと育っていきます。

何事も後回しにすればするだけ、その反動は年齢と共に全て自分に返ってきますので、まずは毎月の一カ月に対して月末に向けた締め切りを自分に向けて設けてくださいね。

要は、締め切りまでに「どういう自分になっていたいのか？」という目標設定を作る感じです。

多くの人が未来に向けて取り組まないといけないことを後ろに回しています。

それが積もりに積もっていくからこそ、結果的に自分をコントロール出来ない状態になってしまいがちになります。

だからこそ、目的を決めることがどれほど自分にとって重要なのか分かるはずです。

誰もが普段から目標を立てて取り組もうとはしているのです。

あなたもそうではないでしょうか？

目的を決めずに目標が先になってしまうからこそ、これらが出来ないことを人や環境のせいにしています。

しかし、根元の原因を作っているのは普段の自分なんですよね……。

今の自分の基準も必要ではありますが、未来基準からみた自分の視点を早めに作り、今と向き合って行動をした方が未来は必ず明るくなります。

僕自身も会社を立ち上げる前は、家電業界で一五年間、サラリーマンとして朝から晩まで働いてきました。

その中で、「今日で終わらせられることは今日終わらせる癖を付けなさい」と、何度も諸先輩たちに叩き込まれてきました。

「また明日やろう」とか「落ち着いたらやろう」は馬鹿野郎がすることだと、よく叱られてきました。

今思えば本当に有難い限りでしたね。感謝しかありません。

◆自分はどういう人間でいたいのか？　これを目的にして目標を決める

◆自分の成長に対して、毎月の締め切りを決めるようにする

◆未来基準から見て、面倒なことを後回しにしない癖を付けていくこと

18　なぜ面倒なことを先に終わらせた方がいいのか？

若い頃の僕は、仕事でも簡単なところから先に終わらせていました。
なぜなら、仕事のリズムを作るためのウォーミングアップだと思っていたからです。

ただ、この考え方や取り組み方は間違いでした。

やはり面倒なことを後回しにすると、更に別の面倒なことが重なってしまった時に、自分のキャパシティを超えて約束が守れなかったり、細かい所の見落としなどが多くなっていったからです。
だからこそ先ほどお伝えした通り、その日に終わらせた方が良いと感じたことは、なるべく早めに終わらせる癖をつけた方が絶対に良いと思います。

その後の僕は、先に面倒なことを最優先して片づけるようにしたことで、その後に続く「気持ちの持ち方」も圧倒的に変わりました。

僕の心の中で「まだ○○が残っている。早くやらないといけないのに……」という焦りやプレッシャーがなくなっていったんですね。


先ほど「仕事のリズムを作るためにも簡単な仕事から」とお伝えしましたが、実はリズム作りは朝起きた瞬間からもう既にはじまっています。

「あ〜今日も仕事だ。面倒だな。行きたくないな……」

「今日は苦手な得意先との打ち合わせで……」

誰でも今日は仕事を休みたいなという感情が続く時があると思います。


そんな中で「一日のリズムの作り方」を僕に教えてくれたのは亡くなった母でした。

当時、朝ご飯を食べながら独り言のように「今日も面倒だな〜　遅くなるだろうな〜」と口に出していると、よく台所から叱られたものです。

「いっちょ前に仕事が大変だ、面倒だと言う前に、朝から五体満足で起きられたことに感謝もせずに準備をしている人間が仕事でうまくいくはずはない」と……。

「朝、目が覚めたら心の中でおはようございますと唱えながら、起きられたことから感謝をしなさい」

「あんたの当たり前の一日を、病気で迎えることが出来ない人だって世の中にはたくさんいるのだから丁寧に生きなさい」

「罰が当たりたくないのなら今日を迎えられることに感謝をして、ご先祖さんに対しておはようございますという気持ちで起きないと失礼だし、良いリズムだって自分の力で作れないよ」と社会人になってからは何度も強く言われてきました。

これらのことは、やはり僕に「生き方」を与えてくださった人生の成功者たちも、母が僕に言い続けてくれたことと同じことを教えてくれました。

仕事場に行ってからリズムを作るのではなく、朝起きてから気持ちを整えて「今日をはじめること」を続けていくことで、面倒だなと感じる壁との向き合い方も大きく変えていけます。

また自分にとっての面倒さだけではなく、周りも同じように面倒だと感じるところに対してあなたがどう行動を起こしていくかで、人生は大きく変わっていくのです。

面倒な所に、自分の可能性やこれからの成長がたくさん隠されていると思ってください。

そして面倒な出来事、面倒な仕事こそが、あなたに忍耐の精神を与えてくれますし、何より自分のキャパシティも広がり、信用から信頼に変わる大きなキッカケにもなってくれます。

面倒くささの裏には素晴らしさがたくさん隠れているのですが、それでも自分の最優先事項が逃げ続けることになっている方が多いのです。

自分の人生に変化を起こしたい、自分を成長させたいと願われるのなら、大衆という檻から一歩踏み出さないといけません。

面倒なことと向き合うということは、非効率なことと向き合うこと。

これらを率先してやれる自分でいられるかどうかで、あなたの未来財産が決まります。

未来財産とは何かというと、信頼の数です。

- ◆面倒なことに取り組める自分でいるためには、朝起きた時の決意で決まる
- ◆まずは朝起きられたことに感謝をする精神を持って、一日をはじめること
- ◆面倒なことに取り組める人ほど、周りから信用を得ていく

19 信用を信頼に転換させていくためには「自分の名前」で生きること

信用は実績を重ねていくことで積み上がるものですが、本当の意味での信頼は積み上がりません。

もちろん、信用の積み重ねが信頼になることもあるのですが、大半は条件が付いた上での話です。

本当の信頼は、これまでの中でお伝えした通り、目に見えない部分、目配り、気配り、思いやり、そして先ほどお伝えしたとおり面倒なことと向き合い、自分の徳を人のために積み重ねていかない限り、絶対に増えていきません。

なぜそう言えるかというと、僕は大手中の大手の企業に勤めて痛感したからです。

「○○の松野です」と言った時、仕事として近づいてくださる方と、名前だけの「松野です」と言った時近づいてくれる方は、全く違うということです。

僕がお伝えしたいのは、コロナ禍の世の中だからこそ「自分の名前だけで生きていける準備」を日頃からきちんとしていくことが必要になってしまったという新たな事実です。

例えば、仕事だけではなく、家族や友人との大切な約束事をすぐに破ったり、自分の都合や欲のために何度も未来の自分に対して裏切る行為を、現実の中で繰り返していけば、最後の最後に苦労をするのは、信用と信頼を生み出すことが出来なかった自分自身です。

身近な人も、周りも、天も「普段のあなたの生き方や生き様」を見ているものです。
仕事の時は、習い事の時は、学校にいる時は出来ているのに……ではありません。
あくまでそれは表面上の信用においてです。

全ては私生活の中で積み上げたものが「姿勢」として必ずどこかで無意識に出ているので、結果として信頼にはつながっていかないのが世の中なんですよね。

なぜ多くの方がそうなってしまうのかと言うと、それは「自分だけ」を切り取って生きているからであり、何より自分の成長のために用意されている機会に気づけない考え方になってしまっている傾向が強いからです。

誰もが普段の私生活の中で、取捨選択をしながら一日を過ごしています。

何の悪気もなく、自分が決めたことや教えられたことを平気で果たさないことに慣れ過ぎると、それは未来の自分を裏切っていることと同じなのです。

「自分だけの人生」ならばそれでもいいのかもしれません。

しかし僕たちは周りによって生かされて生きています。

自分が決めた約束、親との約束、仕事での約束の先に条件が付いた信用があって、その積み重ねの先にはじめて信頼があります。

だからこそ、別の章でもお伝えした通り、自分にとっての当たり前が低すぎると、一つ一つの物事を、自分勝手なフィルターを通して判断していくことになるんですよね……。

本当に大切なのは、何をするにしても「あなただったら大丈夫」と信頼のある生き方に、毎日の積み重ねを通じて転換することです。

いざという時に必要になるのは、条件が付いた実績を積み重ねた信用よりも、人として大切な人のために、愛する人のために、まだ見ぬ誰かのために、自分の生き方を通じて徳を積み重ねてきた信頼の数です。

それが自分の名前で生きるということだと僕は思います。

あなたのためなら、あなたが困っているのなら、と有無を言わずに動いてくれる人が、親以外にあなたには何人いるのか？　どれだけ自分の「信頼残高」を貯めて残しておくかで、未来の人生は自ずと決まっていきます。

ただ、信用されたら成功するとか、成功したいから信頼を積み重ねるのではなく、**根元にないといけないのは「利他精神」で生きる価値ある人間を目指していくことです。**


しかし、成長のために得ることばかりを考えて、求めるばかりではやっぱりダメなんです。

人に与えながら得ようとしなければ先の成長はありません。

何も難しくありません。

自分に出来ることを一つずつ増やし、当たり前の基準を上げていきながら、あなたにとって大切な人たちやお世話になっている人のために自分の人生を丁寧に生きていくだけですからね。

周りのためにも、自分の価値を自らの意志や行動の中で絶対に下げてはいけません。なぜなら自分で勝手に下げた分だけ、親の価値も、親友や知人の価値も下がるからです。

今はそうお伝えしていますが、昔の僕は完全に自分だけを切り取って生きていました。

うちは家が貧しい方でして、父はサラリーマンだったのですが四〇年の中で一八回も仕事を変わりました。

母は極度の人見知りで、外で働く選択が出来ず内職だったんです。

二人合わせても月一八万円がやっとの現状です。

これでは家族三人ならギリギリの生活です。

なので、僕はサラリーマンになってからの一五年間は給料の全てを家に入れ続けてきました。

自分の通帳も全部渡して、仕事が終わってから副業をしながら自分の小遣いをどうにか生み出すしかありませんでした。

こういう家庭環境だったからこそ、自分だけを切り取って生きてきたのだと思います。育ててもらった感謝の前に、僕が「自分の人生を犠牲にしているからこそ生活が出来ているんでしょ?」という気持ちがとても強かったと思います。

こういう価値観が消えなかったからこそ、亡くなった母がずっと伝え続けてくれたんです。

自分だけを切り取ったまま生きてはいけないよと……。

もちろん最初は分かりませんでしたが、母が伝えてくれていたことと同じことを人生の恩人たちが僕に教えてくれて、本気で自分が実践をしてやっと痛感しました。

自分のことをいろいろと考えながら生きていけるのは、家族が元気だから、自分が大切だと思う人たちが元気に生きているからこそ、自分の夢や、プライベートをはじめ、仕事の悩み、恋愛などを考えられる時間として使うことが出来るのだからと……。
つまり、「どうしようか？」「どうしていくべきか？」と考えながら生きていけること自体が、自分にとって幸せなことだし、だから常に感謝を根元に置いた上で行動し続けるべきだよと……。

自分だけを切り取ったままで人生を生きてしまうと、僕のように青天の霹靂みたいな出来事に遭遇した時に心の準備が追い付かない。

介護などの現実を受け止める覚悟に対して、迷いやとまどいが出てしまい、喪失感や絶望感に呑み込まれてしまうと……。
そうなると他人の人生に怒りを感じて、妬《ねた》みや僻《ひが》みが自分の中で起こりやすくなってしまうから、歪んだ考えの中で自分の大切な人生を生きていかないといけなくなってしまうと……。

自分の人生を生きるのは人間として当然の権利だけど、周りが元気でいるから、そして常に支えてもらえているからこその自分の人生なんだということを絶対に忘れてはいけないと教えてくれたのです。

今ならこの意味が痛いほど分かります。

もっと目を見て「ありがとう」を心の底から母に伝えたいのですが、偉大なる母はもうこの世にはいません。
だからこそ、せめて天から母が笑ってくれるような生き方を、いつも心がけながら僕は今日と向き合い、自分の役割を果たすために仕事をしています。

ただ、こういうふうに今あなたに伝えても、恩を返したい気持ちはあるけれど親のことが尊敬できないとか、恩返しをしたい人生の先輩たちと出逢えていないと思う方もいるかもしれませんが、そうじゃありません。

親や先輩、環境がどうこうではなく、これまで長い時間をかけて巡り巡って先祖から紡がれてきたあなた自身の命を無駄にしてはいけないし、何より自分の生き方（生活方法）と生き様（行動）で、世の中に対して証明すればいいのです。

そうすれば少なくともご先祖さんの想いや願いを裏切ることにはなりません。

これから自分の信頼残高を増やしていくためにも、誰にでもある「過去の清算」を自分の生き方を通じて早めに終わらせておく必要があります。

◆自分の名前で生きるということは、自分の人生を引き受けるということ
◆悩む時間があることは、一つの幸せだと知ること
◆常に自分だけを切り取って、物事を考えようとしないこと

20 過去の清算と未来貯金

二〇一四年の一〇月に、突然僕の人生に自宅介護という新しい使命転換が訪れました。

正直なことを言うと、最初は頭の中は真っ白でした。

介護経験はゼロの状態ですし、今抱えている仕事をどうしていくか？　お金の工面はどう組み立てていくか？　両親が望む状態をどこまで確立させることが可能なのか？　といろいろと頭をよぎりましたが、すぐに覚悟を決めることが出来たのは、人生の先輩たちが教えてくれた過去の清算を、最後にもう一度やらせてもらう時が来たのだなと思うキッカケが、介護を通じてあったからです。

ここからは、僕が人生の恩人から受け取った過去の清算について、少し難しい話をしていきます。

ただ、少しでもあなたが後悔を残さない生き方につながることになるので、僕の経験も踏まえてお伝えしていきますね。

もしも、親子関係や恩人との関係が、自分の行動が引き金となってしまったせいで今もあまり良くない状態が続いているのならば、過去の清算が必要だということをぜひ知っておいてほしいと思います。

僕は若い頃、だいぶ道を外してしまった時期があります。

お恥ずかしながら、社会人になっても迷惑をかけることもありました。

僕の場合、「これまでたくさんの迷惑をかけてきた分、介護を通じて過去の清算をしよう」というわけではないのですが、「今こそ最後の恩をここで返さないと、大きな後悔を背負って生きていかないといけなくなる」と思ったのです。

親子同士だとしても、お互いの人生を一人の人間として歩んでいます。つまり平行線の中でお互いが歩んでいるのですが、子供の時って、この一つ一つの平行線が重なっている感じがして、一本の線にしか見えていませんし、まだまだ感謝の念も敏感ではありませんよね？

むしろ、高校生ぐらいになれば、自分の力で生きていると錯覚をしてしまうぐらいです。

まだ親や先生、そして人生の先輩たちが伝えたい本音や真意が見えないままで、自分の人生を歩いている状態です。

この重なった一本の線が全てだと思いながら、社会人になり、そして自分が社会の中での失敗や挫折を経験してやがて親の立場になっていくと……

これまで一本だと思い込んでいた線が、少しずつ二本の線になって、親にも自分にも一つずつ線があったんだな……と見えていきます。

親の有難みや自分の先を歩いている人たちの偉大さが、その立場になった時の大変さや苦悩を経てやっと分かっていくことが大半なのですが、それではあまりにも遅すぎるのです。

なにが遅いのかというと、親がいなくなってから気づいても感謝を行動で示すことがどうしても出来ませんよね？

僕たちの人生は過去の清算が終わらない限り、自分の未来貯金（徳や運）だって思うように増えていかないのです。

本来、誰もが大きく成長するために必要な「気づくべきターニングポイント」に数多く遭遇しているのですが、自分だけを切り取って生きていると全く分かりませんし、どこかであえて見ない振りをしたり、気づこうとしなかったりの積み重ねが、結果として今の自分と現状を作り出しています。

これは、変わりたくても変わろうとしなかった自分への反動なんですね……。

親として全うすべき〇歳から二〇歳までの責務の中で、どれだけの時間と労力、そして愛が必要なのか？

子供の時は細かい所まで分かりませんよね？

大人になっても分かろうとしない方も多いのですが……。

だからこそ社会人になったら、親子でも人と人との関係となり二〇歳まで育ててもらった恩を親に返していきながら、そして、一人の人間として次の世代のためにも恩送り（自分の徳を引き継がせること）をしていかないといけません。


例えば、生活が楽になるように実家にお金を入れる恩返しもあると思いますが、恩返しや恩送りはお金じゃなくても心を支えるだけでも良いのです。

形はどうであれ、自分の中にある「まごころ」を行動に変えて、自分なりに返していく志こそが、自分の未来構築のためにも重要となっていきます。

国内の現状はコロナ禍によって更に厳しい時代へと突入していますが、その中でも、**社会人として地に足を付けて人の役に立って仕事をいくことも、恩返しや恩送りにつながっていきます。年齢は一切関係ありません。**


過去の清算は今からすぐに出来ることから始めればいいのです。

そうすれば自分と次の世代に必要な未来貯金につながっていきます。

未来貯金はお金だけではなく、あなたが徳を貯めて自分の人生で活用し、その中で余ったものを次の世代が自分を形成出来るまでの蓄えとして、その時、その時に渡してあげないといけません。

そうやって誰もが魂のバトンを受け取り、命と徳を紡いでもらいながら、人として世の中を生きています。


あなたが存在しているだけで、誰かを幸せにしています。それだけは間違いありません。

だからこそ、過去の清算を放棄したまま自分だけを切り取った生き方をしてはいけないと、母からも何度も言われてきました。

自分だけを切り取って行動を続けても、成功法則からは外れてうまくいかないからですね……。

人間ならば誰もが「自分の人生を豊かにしたい、成功したい、大切な人を守れる力が欲しい」と、何かしらの願望があると思います。

心の奥底でほんの少しでもあなたがそう思うのならば、常に素晴らしい人と出逢い、多くの知識と知恵を学んで、行動に変えて毎日を謳歌するだけですよ。

素晴らしい人と出逢いたくてもキッカケがないとか、人見知りだからとか、コロナの影響で、などの理由は必要ありません。大丈夫です。

なぜなら、僕たちはいつでも素晴らしい人たちと出逢い、その人たちの考え方や人生経験を学べる最適で最良な方法を知っているからです。

あなたが変化すること（成長すること）を怖れず、本気で意志を示し、そして行動を起こすことをためらわないのならば、いつでもあなたを温かく迎えてくれる場所がいつも用意されているんですよ。

それは、「本の世界」へあなたが一歩踏み込むだけでたどり着くことが出来ます。

◆過去の清算が終わらない限り、自分の人生は本当の意味でスタートしない
◆自分なりの恩返し恩送りを、毎日一つずつ行っていくことが未来貯金につながる
◆今の自分は魂のバトンを受け取って、生かされているという事実を知ること

4章

自分を奮い立たせるもの、勇気を与えるもの

21 時間を生み出す自分になるために本を読むこと

もしも、あなたが日頃から今よりも自分を成長させたい、変えていきたいと望んでいたり、もしくはうまくいかないことをうまくいくようにしたいと思われているのなら、私生活の中で本と向き合う習慣を作ると良いです。絶対的な自己財産になります。

本と向き合う習慣を取り入れることが、自分を輝かせるための最初の一歩にもなりますし、あなたが行動さえ起こしていけば、将来最大の投資にもなりますからね。

ただ、残念ながら多くの方が、スマホを見る時間はあるのにも関わらず、それを本と向き合う時間に転換しないのが現実ですよね？

その状態で、自分の環境が変わらないことや飛躍が出来ないことを世の中や政治のせいにしたり、会社や他人に原因のベクトルを向ける方が非常に多いと思いませんか？

色眼鏡をかけて凝り固まった価値観で世の中を見ているのは、ひょっとしたら自分かもしれないのに、です……。

そんな中で多くの方が口を揃えて言葉にする「時間がないから本を読めない」という大義名分は本当なのでしょうか？

読まない自分に対する言い訳を作っているだけかもしれませんよね？

時間がないからではなく「時間を生み出すため」に本を読んで欲しいのです。

「エッ？」って思うかもしれませんが、あなたが本を読んでいくことで一つでも自分の力になれば、必ず次の日から行動が変わります。

要は、本を読んで勇気をもらいはじめると、一日を通じて自分を奮い立たせる場面で必ず活かすことが出来ます。それによって行動が機敏になっていくので、どこかの時間が短縮されていくようになります。

このように自分の行動が変わり機敏性も出るからこそ、少しずつ「時間を生み出せる」ようになっていきます！

そう考えると日頃から本を読む習慣を作った方が「時間を生み出せる自分」になりやすいのです。

日常会話の中でも「時間を作るから……」と頻繁に聞くのですが、そうではありません。

時間を作るという考え方は、一日のある部分を強制的に切り取り、その部分を空けることです。

そうではなく、時間は自分の行動から生み出していくのです。

仕事以外にやるべきことがあるのなら、ほんの少しだけ朝早く起きるという行動を起こせば、日常の中で時間は生み出せます。

今は特に、スマホで芸能人のプライベート騒動などを見ている時間こそが、自己投資に必要な時間を削っているタイムバンパイヤとなっていることに気づくことが大切ではないでしょうか？

どれだけ自分の貴重な時間を使っているかを認識しないといけません。

繰り返しますが、一カ月の累計時間を計ったら分かると思います。

その累計時間のせいで、将来大切な人たちと過ごすための時間として使えないとしたら？

僕なら耐えられないです。

常に自分に残された時間は限られています。

つまり、いつかは訪れる死に向かって時間は削られています。

それだけ貴重な人生を謳歌するための時間を、芸能人の騒動に使うのでしょうか？

SNSを通じて、友達との会話の中で「あの人が○○したみたいだよ？」とか、「あの人って実はこういう人だったみたいだよ？」って、日頃はあまり関心がない方の話があなたの成長に必要なのでしょうか？

それをニュースにしているメディアもどうかと思いますが……。

また中には、自己啓発本やビジネス本を読んでも意味がないとか、胡散臭いと言われる方も多いのですが、そもそも今見ている現実や起こっている問題は「今ある知識や経験」からしか見えてきません。

今の時代、本を読んでいかないと絶対に自分の知恵や知識は増えていきませんし、心の器も大きく広がっていきません。
本を見る習慣を付けておかないと、いつの日か必ずどこかで限界がやってきます。

◆時間は作るのではなく、生み出すことだと知ること
◆本を読みはじめる習慣を持つと、行動が必ず変わっていく
◆今ある知識や経験からでしか、人は現実を見ることが出来ていないと知る

22 本を読んでいけば「生きる指針」となるメンターが見つかる

日本人であるならば、基本のベースとなる教育はみんな同じです。しかし、人生の途上に出逢ってきた人はみんな違いますよね？　数も違うでしょうし、人間力の質も違うかもしれません。

そこから得た経験値だって、良くも悪くもみんな違います。

つまり、全てが同じではないからこそ「他人と自分を比較する必要」はないということです。常に向き合うべき相手は他人ではなく、ライバルは真の自分しかいません。

人はこれまで生きてきた自分の固定観念や価値観だけで、物事を見て判断していきます。

それを一八〇度変えましょうと、僕はあなたにお伝えしたいのではありません。

押しつぶされそうになるぐらいの現実を目の当たりにした時、今の自分の器のままでは抱えきれなくなることが出てくるかもしれないということ。

例えば、当時の僕みたいに、たった一人で両親二人のがん介護を自宅ではじめないといけない現実が突然明日から訪れた時に、一番重要になるのは、覚悟を持って地に足を付けた状態であなたがいられるかどうかになります。

「その時になれば自分だって……」と思われているかもしれませんが、正直そんなに現実は甘くはありません。

だからこそ日頃から準備を整えておく必要があります。

そういう精神を養うためにも、本や恩人から学んだことを行動に起こして、自分の経験に変えていくことが習慣として大切になっていきますからね。

ここまでお伝えしてきた通り、**あなた自身が貢献感を持って人生を謳歌するためにも、偉人が残してくれた本と触れ合うことは、この厳しい世の中を生きていく上で大きな役割を果たしてくれると思います。**

例えば、僕がパナソニックで働いている時に、創業者の松下幸之助さんにお会いすることは出来なかったのですが、この世にご本人の考え方や生き方を本として残してくださったからこそ、たくさんの教えも頂けましたし、どれだけ救われたか分かりません。

たとえ、雲の上のような存在の方でも、本に触れれば、僕の目の前でいつも幸之助さんが話をしてくれるような気持ちになれました。経営の神様と言われてきた方の人生観に触れることが、本さえあればいつでも出来るのです。

これって凄いことだと思いませんか?

生きていれば、仕事、恋愛、友人との付き合い、対人関係、家庭環境などに対していろいろと悩みが出てきますよね？

人間が一番悩むものは人間関係と言われているほどです。

いろいろな悩みが出てくれば、当たり前のようにネットで検索したり、身近な人たちにも相談をしたくなります。もちろんそれが悪いとは言いません。


だけど、自分が抱えている悩みを複数の人たちに相談しても、自分の中での答えは出てきません。むしろ更に迷いが出てきます。


理由は一つです。

みんな自分なりの正しい答えで話をするからです。


結局はどの答えを選ぶのではなく、誰を選ぶのかになります。誰とはあなた自身に他なりません。

自分に迷いがある時こそ、うまく答えが見いだせない時こそ、人に相談をする前に偉人たちが残してくれた本と向き合った方が、確実に自分の中で答えを明確に出しやすくなると言い切れます。

なにより本だと、不思議と会話よりも素直に受け止めることが出来ますし、真剣に自分のことや大切な人たちのことを思い浮かべて、これまでなら何となく彷徨《さまよ》っているという感じだったのが、少しずつ前に進んでみようと思えるようになっていきます。

ここで一つ考えてみましょう。

今の僕も、零細企業ではありますが代表取締役と呼ばれる人たちの一人です。

世の中にいる多くの成功者や社長の部屋には、なぜあれだけ数多くの本が本棚に並んでいるのでしょうか?

それは責任者としての決断を下す一つのキッカケとして存在しています。

そして、迷いや悩みが出た時に一人だけで考え込むのではなく、これまで一つ一つ手に取ってきた本のタイトルや見出しを眺めて「あの時の情景」を思い浮かべて、その時に自分が手に入れた経験を思い出しながら「自分を奮い立たせるためにある」と思います。

本棚だけは、普段から目に入らない電子書籍やＰＤＦの資料には出来ない、本が持つ力を示しているものだと思います。

漫画だとしても学ぶことは多いので、媒体の力としては同じだと思います。

自分のメンターを見つけにいきませんか？

◆多くの人に自分の悩みを相談しない。逆に迷うだけと知る。答えは本にある

◆本を見れば、偉人と話せる時間をいつでも作ることが出来る

◆いつも目に入る所に本棚を置けば、自分を奮い立たせる一つの勇気になる

23　一冊全てを読まないといけない、という固定概念は必要ない

時間を生み出すために本を読むとお伝えしましたが、感覚的に最初から最後まで全てを読もうとすると、また時間がないという考え方に戻ってしまいがちになるので気を付けてくださいね！

速読や記憶術アドバイザーとしての観点からもお伝え出来ることなのですが、ポイントとしては表紙を開いて、もくじを開いて見出しを眺めて、今の自分に必要な所だけを読めば大丈夫です。そうすれば何冊でも読むことが出来ます。

ひょっとしたら他の見出しの部分の方が重要なのかもしれませんが、毎回読む度に印象に残る部分は変わるものなので、自分にとってその時期がきたら必然的に引っかかるようになります。

そんな中でたくさんの本をポイントだけを絞って読みはじめると「読んだか？　読んでいないか？」が分からなくなっていくので、その時は本の帯を逆にして本棚に入れておけば、「この本はまだ途中」という印がわりになります。

特にコロナ禍のこれからの時代は、本を読まずして乗り越えられるような世の中ではないと僕は思っています。

だからこそ、出来る限りたくさんの本と触れ合い、自分の人生を輝かせるための一冊と出逢うことが重要ですし、そこからあなたが行動さえ起こしていけば、人生は素晴らしさを増して輝いていくと言い切れます。

一冊の本は一五〇〇円〜二〇〇〇円ぐらいが相場です。

その本に勇気をもらって行動を起こし、あなたの人生が飛躍すれば、「たった一冊の本で人生が変わった」と言えますよね？　費用対効果は抜群です。

本と出逢うことで人生が変わるのは嘘ではありません。
変わらないのは継続、つまり習慣を諦める人たちです。
そういう昔の僕も、本を読んで人生が変わるのならば誰も苦労はしないと言い続けてきた人間でした。

だけど、成功者と呼ばれる人たちも、僕が尊敬し憧れている人たちも、大半が数多くの本を読んできていることを知って、僕自身も年間一〇〇冊を読むという行動を数年間続けてみて実感しています。本があれば人は大きく成長出来ると……。

自分のバイブル本と出逢ってからは、ほとんど人に相談することはなくなりましたし、困難が訪れても逃げずに立ち向かえる精神力と、自分の中で明確な答えを見い出せるスキルも身につきました。

そもそも僕たち日本人は、世界の中でも本を読む習慣を本来は持っているはずなのです。

「分かる」と「出来る」は違いますからね。「分かるし、出来る！」を実現するためにも本は読んだ方が良いです。

いや、本を読むという感覚ではなく「自分のメンター」に会いにいくつもりで、家の中にある途中で終わってしまった本の表紙を開いてみてはどうでしょうか？

あなたを開花させるたくさんの可能性がそこにあるはずですよ。

そして、あなたのお部屋に本さえあれば、孤独を感じることもなくなっていきます。本と向き合う時間に投資をした分、あとから何倍にもなってあなたに素晴らしさや豊かさを与えてくれたのかは、行動を起こしたら必ず実感できるはずです。

ただ、一つだけ注意点があります。本から得た素晴らしさや豊かさを勘違いして、相手を傷つける武器に変えてはいけないということです。

◆たくさんの本と出逢い、自分が知りたい所から学んで明日に活かす
◆本との出逢いは、人生のメンターと出逢うのと同じこと
◆本を読んで行動を起こせば、人生は豊かになっていく

24 知識や経験で相手を追い込んだり傷つけたりしないこと

本をはじめ、人生の成功者から心の持ち方や考え方を学び、自分自身の心が成長していくと、時にそれらを武器にして、相手の自己重要感の部分を大切にしない状態で追い込んでしまう場合があります。

要は、理詰めで相手を言葉や文字で打ち負かそうとするのです。

これはコミュニケーションを行う上でも、非常に良くありません。

クライアントさんの指導やコンサルティングを行う立場上、守破離の法則を守ってもらえないと残念に感じる時があります。

例えば、誰かと意見が食い違ったり、指摘をされたとしましょう。

そうなると、本や教えてもらって得た力を使って、「あなたと違って僕はこういうふうに考えられるけど、あなたはそのように考えられないのですね？　だからもう無理です。あなたとは合いません」と伝えてしまう傾向があります。若い世代でも勉強熱心な子に、このパターンは多いのです。

実はこういうふうに伝えてしまう方が、相手からすれば「頭が固い、柔軟性がない、器が狭い」と思われてしまい、自分の価値を下げてしまうだけですから、気を付けておきましょう。

もちろん、言葉で武装して自分を守ろうとするのは分からなくはないのですが、重要なのは相手にそれだけのことが言える「ふさわしい自分であるのか？」です。要は何度もお伝えしているように、普段の生き方や生き様に信用と信頼が、あなたには相手以上にあるのか？　ということです。

これらが備わっていない以上、人生の先輩や本から学んだことを自分の武器として相手を追い込むことはあってはなりませんし、やってはならないことです。
またふさわしい自分でなければ、仮に理詰めで相手を追い詰めても納得はしてくれませんし、当然ながら変化もしませんからね。

本や人生の先輩たちから学んだ知識と知恵の正しい使い方は、常に相手に気づきや選択肢を与えて成長を促すことや、陰で支えていくことが最も大切です。その積み重ねが自分の成長にもつながっていきます。

例えば、「こういうふうにも考えられるかもしれないが、それに対してはどう思うか？」と相手に考えさせて答えを出させるために自分の知識や知恵、そして経験が存在していることを忘れてはいけません。
そう考えた時、あなたは周りから見ても、自分に問いただしてみても「ふさわしい自分」であるだろうか？　を確認してあげてください。

もしも、あなたがニートやフリーターであるのならば、親や諸先輩に威風堂々と同じ土俵で話が出来るだろうか？

同じ土俵で語り合うために必要なことは、あなたが普段からどれだけ自分の名前で生きているのかに、かかっていると言っても過言ではありません。

◆相手が大事にしている「自己重要感」を、得た知識で傷つけない
◆自分が得たことは、相手に気づきと成長のために活用していく
◆物言いをする時は、ふさわしい自分であるかどうか？　を問う

25 大切なのは、今をどう生きているのか

現実問題として家庭の事情なども含め、大学を卒業しても正社員として就職をせずに、自ら契約社員を選択して短期を繰り返して働いたり、バイトの掛け持ちや、あえてニートを選択する方も世の中にはいます。

確かに世の中の社会的な信用の具合をはじめ、家族や親しい友人から見ると冷ややかな目線で見られてしまいがちな現実もあるのですが、本当に重要なのは「どの職を選ぶか？　何をするのか？」ではなく「自分自身がどう生きるのか？」を明確化することです。

もちろん、社会人になっても親に甘え続けて「自分自身の人生を全う出来ていない」のは問題です。

ただ、仮にフリーターやニートでも、毎日規則正しい生活をして謙虚な姿勢で自分に投資をしながら毎日頑張っている人ならば……。

または他人に迷惑をかけずに親の手伝いや自分の使命を理解した上で、真っ当に生きている人ならば……。

たとえフリーターやニートの立場でありながらでも、自分の事業を立ち上げようとしたり、夢に向かって邁進しているのならば……。

周りがどうこう言う資格はありません。

ただ、ここで勘違いをしてはいけないことがあります。

それは「今をどう生きているのか？」の部分です。

つまり、その人がきちんと自分の名前だけで生きているのか？　という志の部分になります。

外の荒波にもまれて「仕事」を「志事」として生きている者と同じ土俵で戦っていくには、全てにおいて平等ではない世の中だからこそ、絶対的に「自分への投資」が何倍も必要になってきます。

仮に自分の周りが大手の企業に勤めているとしても、毎日適当に働いて給料をもらうだけの生き方では、やがて自らの生き方を根本から見直さないといけない日が、こういう時代だからこそ必ずやってくるわけなのですが、それでも世間一般から見れば、企業ブランドだけで立派に見えるものです。

人によって立ち居振舞いが鮮やかなら、なおさらそう見えますよね？
だからこそ、フリーターやニートの立場であっても「自分がどう生きるのか？」を大事にして真摯に毎日と向き合い、自分に投資をしていけば、同じ社会人としての土俵で堂々と生きていくことが充分可能です。
地位や名誉などが全てではありません。自分の名前で生きているのか？　ということです。

それは年齢を重ねていけば分かるし、あなたが独立をしたり、会社を作ったら必ず分かります。

将来の自分にとって間違いなく大事になるのは、あなたの生き方から産声をあげていく信頼の数なのですから……。

◆フリーターやニートの時こそ、「今をどう生きるのか?」を大事にする
◆地位や名誉が全てではない。自分の名前で生きる自覚を持つこと
◆将来の自分に絶対必要なのは、信頼の数を増やすこと

26 他人から見たあなたは誰もが「特別な自分」

「自分はあの人と違って裕福でもないし、家庭環境も良くないし、普通だから才能も全くないし……」と言いたくなる時はありませんか？

また自分に何か特技があったとしても「こんなのは誰にでも出来る」と言ってしまう時もあると思います。

これが基準にあると、思考習慣が「自分は何の取り柄もないから仕事でも出世は見込めないし、仮に独立しても成功なんかできないよな、世の中そんなに甘くはないし……」と、このように大衆思考として思い込んでしまう傾向にあります。

だけど、ちょっと待ってください。

ここで重要なのは、あなたが思う「普通」とは「特別な自分」とイコールであるということなんですよね。

なぜなら、**どんなに探してもあなたはこの世で一人だけしかいないし、あなたの価値観やイマジネーションはあなたしか描けません。**

誰一人としてあなたの全てを真似出来る人はいないし、あなたが歩いてきた人生は誰も同じ道を歩けません。

そう考えると誰もが抱く「普通」という受け取り方を変えた方が、自己愛も高まっていきます。

他人から見たあなたは特別な自分なのです。だから他人と比較する必要はありません。

また「普通である」ことと、自分の中から出てくる「ユニーク性」は両立できるとも言えます。

例えば、企画がメインの仕事やデザイナーなどの場合。「自分は普通だからあの人のようなアイディアが出てこない。奇抜な斬新さやオリジナリティが出せない」と悩む方がたくさんいるのですが、そんなことはありません。

自分の素晴らしさを信じてあげることです。

そして、常に目に映るものに対して「なぜ?」を投げかけて考える癖を付けていくだけで、アイディアとアイディアがくっついて新しいものを生み出すキッカケとなってくれます。

常にあなた自身が抱いてしまう「普通」という感覚は、相手からすれば「特別」な証拠になるのです!

だからこそ、自分にないものに目を向ける必要はありません。

あなたは他の人と替えがきかない大切な存在なんです。逆に時代を象徴する言い方に変えると、替えがきくような生き方ではダメだということでもあります。

◆自分が普通であること、を否定しないこと
◆自分の存在価値は、自分しか歩けない人生であること
◆あなたの替わりは誰もいないからこそ、自分を愛すること

27 変えないことも、変えることが出来るのも、自分の意味と行動次第

自分に足りないものや欲しいものに意識を置いて願い事をしても、心のレンズは足り「ない」の部分に焦点が当たっているので、脳はその状態を引き寄せようとします。

そこに意識が傾けばあなたの脳は「ない」を実現させるための現実を組み込みはじめるわけです。

自分の現状を分かってもらえない。家族が分かってくれない。相手がやってくれない。愛が足りない。相手からしてくれない、などなど……

そう思っても相手からは、「それじゃ普段から何を分かってあげようとしたのか？」「いつも感謝を伝えてどれだけのことを相手にしてあげたのか？」と逆に言われて

しまうだけです。

「分かってもらえない」ではなく、自分が「分かってあげられる」方になることで「ない」部分に心を傾けようとしなくなりますし、数えることも減っていきます。

普段から「ない」ものばかりを数えてしまう癖があると、それが習慣付いてうまくいかない方向に歩いてしまうことにもなりますし、関わっていく相手に対しても、自分が満たされていない所から嫉妬や妬みなども生まれやすくなってしまいます。

要は自分の心のレンズに曇りが生じている状態なので、何に対しても怒りの沸点が早い人になりかねないんですね。

また仕事の面でも、難しい問題と直面する度に「これは出来ない。分からない」と「ない」を言い続けていけばいくだけ、負のスパイラルを自ら生み出しやすくなりますし、もっと重症になると、自らの可能性を自分で止めていることにさえ気づけなくなります。

その心のステージから行動をせずにどれだけ叫んでも、理想の未来は絶対に手に入ることはありません。分かりますでしょうか？

会社の飲み会などでは、上司や会社の体質の文句ばかりですよね？
実際に自分が経営者やオーナーになってみれば分かります。どれだけ給料以外のところで支払いが発生しているのか？　それなのに「足りない、分かっていない」と言い続けるのでしょうか？

逆に分からないといけない部分が「ある」でしょうし、
もしそうならば別の収入を生み出す手段や方法も「ある」はずです。
つまり、未来のために次のために同時に進めるための選択肢も「ある」のです。

日頃から「出来ない理由」を探す癖をやめた方が、絶対に成長は早いですからね。
つまり「出来る理由がある」を語れる自分になった方が、これからの人生を豊かに歩けるようになるのは間違いありません。

社会人として世の中に出れば不平不満は誰でも出るものですが、僕たちは自分のことしかコントロールが出来ません。


変えないことも、変えることが出来るのも、自分の意志と行動次第です。

そのためにも自分は愛されているということに気づくことが重要です。

大変な時こそ、自分の感情が豊かになること（例えば理想の自分像）などをいつも考えるようにして、常に心地がいい感情を、自分の中で生み出していける技術を得れば良いだけですからね。


そのためにも、朝起きて出かけるまでに、親やお世話になっている人への感謝を思い出し、今日だけは自分から逃げないと決意して外に出て感謝精神を持って目の前にある一日を過ごせるようにした方が、何事もうまくいきやすくなっていくはずです。

例えば「ない」の状態が普通の場合だと、初詣の時など必死になって「○○さんと成就できますように」とか、「今年は昇進できますように」という願い方をしてしまいます。

もうお分かりだと思いますが、「ない」の部分に焦点を当てて自分軸でお願い事をしているのです。

それより「いつも見守って頂いて感謝です。今年も無事に過ごせました。ありがとうございます」と感謝だけを伝える人の方が、きっと神社の守り神さまから見てもあなたは魅力的な人に見えるはずだと思います。

僕が神社の神様だったら絶対にそう思いますもの。

そう願う人にもっと活躍して欲しいので、力を与えたいと思うものではないかと思うのですが、いかがでしょうか？

お金がない、時間がないと言い続けている人は、大半が面倒くさいか、不安や失敗を怖れて行動していないだけです。それを世の中のせいにして、後回しにした分だけ原因と課題が自分の人生に増えていくだけなのです。

満たされようとするばかりで、恩返しや目の前にある現実に挑戦しなかった自分に全て責任があるのです。それを脇に置いたまま物事を考えてはいけません。

〇〇が「ない」から不安の部分に目を向けて生きるより、不安が「ある」からこそ僕たちは強く逞しく生きていけるのです。

◆「ない」部分に焦点を合わせて、毎日を生きないこと
◆人は自分自身のことから、コントロール出来ないことを知る
◆出来る理由や感謝が「ある」所を、常に数えられる自分を目指すこと

---

28 不安は悪い感情ではない。だからこそを与えてくれる行動の種

よくセミナーなどで「○○すれば不安をなくせます」とか、本などでも「前に進みたいのなら不安を取り除くための方法論」などが書かれていますが、不安の感情が自分の心にあるからこそ、僕たちは危険などを察知しながら生きていくことが出来るし、慎重に石橋を確認しながら進むことも出来るのです。

そもそも不安は悪い感情ではありません。

常に不安だからこそ、行動の種を与えてくれる一つだと僕は思っています。

不安と「どんな姿勢」で向き合うべきかを知っているか、知らないか、の違いだけですよね。

なぜなら、不安な自分もあなたの大切な一部。だから無理に突き放そうとしても、振り払おうとしても絶対に離れませんので、見て見ぬふりをしてごまかしながら生きてはいけないのです。

ほったらかしにしておくと、不安は更なる不安仲間を招いて集団になっていきます。とにかく、ほったらかしにされたくないからです。

だからこそ自分から置き去りにせず、子供をあやしてあげるように、あなた自身が「不安になるあなた」に対して「どうしたの？」と優しく問いかけて、自分ときちんと向き合う必要があります。そこでまた一つ成長が出来ますからね。

突き放すのではなく、自分の心の中に「不安がいてもいい部屋」をあなたの意志で用意してあげることが非常に重要なんですね。

不安そのものは自分の居場所がないからこそ、あなた自身にきちんと気づいて欲しくて常日頃から心の中をウロウロしています。

あなたが自分自身の不安と親目線で真摯に向き合ってみると、「なぜ不安になるのか？」が少しずつ分かっていくはずです。いや、明確に分かろうとすることです。個人的に思うのは、この本の根本のテーマでもある「心の準備や確認が不十分」だと不安が起こりやすいのかもしれません。

例えば先行きや結果が見えてこないと不安になるし、新しい分野や苦手なことへの対処方法が分からなくても不安になるし、相手の出方が分かりづらかったりするのも不安になりやすくなりませんか？

不安は目に見えないものですから、自分の中にあるフワフワとした不安を細分化してあなた自身で「見える化」させれば、不安に呑み込まれることも減るはずです。

見える化ができたら、「だから少し不安なんだね、不安になりそうなんだね」と、客観的な所から自分をヨシヨシとしてあげながら認めてあげること、許してあげること、触れてあげることが大切ですよ。

このように自分から不安に声をかけてあげると分かることがあります。

「そっか〜。だから不安だったんだね。だったらこうしていくと不安も減るかもしれないからちょっとずつ頑張ってみるね」と不安が喜ぶようにすれば、新しい自分を生み出すためのキッカケにもつながっていきます。


また、不安って自分に余裕があるからこそ、そして成長へのキッカケになるかもしれないからこそ存在しているのかもしれませんよね？

僕は目の前にある命が、いつ消えるか分からない中で、毎日必死になって親の介護をしていたので、自分のことを考える余裕はありませんでした。

なぜなら目の前にある時間を一秒でも一分でも長くするために、僕は自分と親の時間を重ねていたからです。


毎日受動的ではなく能動的に行動をしていたので、不安を感じることが不思議となかったです。

能動的とは、自ら他へ
受動的とは、他から自らへ
自分の人生を自分から能動的に動いていけば、必然的に自分の人生を充実させることが出来ます。
つまり、貢献感を自分の力で得ることが可能だということです。
ここにも不安と向き合えるカギが眠っていて、**今を一生懸命生きていると、不安はあなたが心の中で作った部屋の中で寝ています。**

今の自分を信じて生きることを、人は「信念」と呼びます。
ちゃんと地に足を付けて自分を信じて歩いた軌跡は絶対に裏切りません。
だから、前日から「明日は○○があるから不安だな」「あの人と会うから嫌だな」と考えるよりも、「こういう一日にしよう！」と自分の意志で決めた方が、主体性を持って生きていけるようになります。

そう考えてみると、これまでお伝えしてきたことの全てがつながっていることにも気づけるはずです。

ただ、単に明日を待つのではなく、自分から明日を迎えにいけるように、凝り固まった常識の外に出る勇気を持つためにも、今こそ不安と共に生きることを決意すべきではないでしょうか？

明日という一日は、全員がまだ真っ白な状態です。

どういう色（一日）にするかは、自分の意志と行動で決めることが出来ます。

誰もが変わりたい（成長や成功）と思っていても、一部の自分が「変わらなくていいよ。だって面倒でしょ？　変わらない方が楽だしね」と言っています。

なぜなら、「変わる」って、これまでの生き方と決別しないといけないぐらいの覚悟が必要だからです。

ただ、自分のためだけなら覚悟が決まらないものですが、自分と大切な人のためならば人間は覚悟を決められるものです。

だからこそ、私生活習慣から準備を整えていくことが今は特に必要になります。あなたにも大切な人たちが必ずいるはずです。だからこそ自分が先に変わらないといけません。

◆不安がいてもいい「心の部屋」を、自分から作ってあげる
◆心の準備や確認が、不十分にならないように心がける
◆凝り固まった常識の外に出るための勇気を、持つこと

5章

相手を変えるより、自分が変わる方が早い

29 相手に期待しないことからはじめることが自分の成長につながる

仕事でもプライベートでも、人は対人関係に悩みます。
そして誰もが、自分を脇に置いて相手を変えようとします。

要は自分が有利になるようにと言いますか、家でも過ごしやすいようにしたいがために相手を変えようとしていませんか?
また親御さんでしたら、お子さんに対しても、自分が思うように子供を変えようとしてしまっていることはないでしょうか?

そんな中で、相手を変えよう、変えようとして、変わってくれないと自分に腹が立ってきたり、相手が期待に応えてくれなかったり、ちょっとしたことで裏切られた感じがするとガッカリしてしまった経験はないでしょうか？

まずは自分が変わるためにも「良い意味で相手に過度な期待をしない」ことです。

腹を立てないためにも「自分の許容範囲」を広く設けておきます。

許容範囲を広く設けるためにも、これまでお伝えしてきた私生活習慣が大切だということを思い出してくださいね。

そんな中で、なぜ僕たちは相手に期待をしてしまうのでしょうか？

この期待の正体は何かと言いますと、自分が相手に対して「勝手に作り上げてしまった理想像」なのです。この理想像に対して期待が高いほど、反動は大きくなります。

相手を変えようとしてしまうのは、「基本的に自分都合」ですよね？

その中で相手を変えようと必死で言いくるめても、根本部分は本人が気づいて行動を起こさない限り変わることはありません……。

そう考えてみると、結局は自分が先に変わった方が早いと思いませんか？

つまり、相手の器よりも自分の器を先に一回り大きく成長しておくしかないのです。

もちろん、悪い意味で変わってはいけませんからね。

急に相手を突き放す感じになったり、冷たい態度をとったりしたら、中学生がやるような恋愛の駆け引きになってしまうので、意図や本質が伝わりにくくなります。

そうではなく、僕の母が教えてくれたのは、自分の成長につなげていくために「生きる態度や姿勢」でいつも示していきなさい、ということでした。

もし、「今からでも自分を変えることは可能なのか？」と尋ねられるのであれば、自分の情熱さえあれば行動が必ず変わっていきますから、答えはいつでも、「今からでも大丈夫」だということですね。

誰もが昨日の自分を一ミリでも超えれば、次の日は新しい人生のはじまりです。

ただ、全ては「どう生きるか？」を見直さないと根本の改善にはなっていきません。

例えば、積極的に家族や職場の人、友人に感謝を伝えるとか、これまでは見過ごしていた他者の興味に目を向けるなど、自分の生き方（行動）で伝えていく方が効果はありますよ。

特に身内の場合は性格が分かっているので変えようとするたびに衝突が起きます。性格は生まれ持って備わったものですから変えることは出来ません。だからこそ、自分が先に考え方を変えて行動するのです。

◆良い意味で相手に期待し過ぎないこと。相手に対する理想を高くしない
◆先に自分の「許容範囲を広げる努力」をしておいた方が、楽になる
◆性格は変わらないとしても、「考え方」は成長していく

30 物事や現実の受け取り方を変える柔軟性を持つこと

僕たちは何かに対して自分なりに一生懸命頑張っていても、自分の甘さや弱さを指摘されたり、叱られることがたくさんあると思いませんか？

でも、その時こそ重要なのが、常に「自分がどういう気持ちで受け取って次につなげるか」です。それによって、あなたの今後は大きく変わっていきます。

ムッとして、受け取ったまま自分の成長を止めるのか？

それ以上に相手に言い返して、自分の成長をそこで止めるのか？

そうではなく、柔軟性を持って「なぜ言われたのか？　なぜ言ってもらえたのか？」を考えられる「器」で変わっていくのです。

つまり、何も言われないのが良いことではないのです。あえて言わないだけかもしれませんよね？

例えば仕事などで何も言われないということは、期待もされていないし、あなたの替わりもいるということ。褒められる時は更に長所を伸ばすためでもあります。

あなたに何かを言ってくれるということは、もっと成長出来るからこそ、次を担ってくれる期待をされているということなんですよね。指摘する方も、叱る方もエネルギーが必要なのです。

だからこそ指導される側は、「優しくない優しさ」をきちんと受け取るための「心の準備」が常にないといけません。

「ひょっとしたらこういう真意があったのかもしれない。こういう所に気を付けた

方が良いと教えてくれたのではないか？」と頭の中で俯瞰して、あらゆる角度から受け取り方を変えていくことがとても大切です。

柔軟に受け取り方を変えられるようになると、自分自身が疲れませんし、怒ることも少なくなります。つまり、自分に起こる出来事の意味付けは、良くも悪くも自分で決めることが出来るのです。それが受け取り方を変えるということです。

ここで一つ例を挙げてみたいと思います。

日本人は靴ひもが切れたり、食器類の整理をしていた時にお皿が落ちて割れたりすると「何か不吉なことが起こるのではないか？」と思ってしまいがちなのですが、他の国では同じ出来事が起こっても「先祖さんが自分より先に身代わりになってくれたんだ。本当にありがとうございます」となります。

そう考えると、同じ出来事だとしても受け取り方を変えるだけで、次の行動が大きく変わっていきます。

その取捨選択の中で、僕たちは自分の人生に決断を与えながら毎日を生きているということです。

だからこそ、諸先輩や知人から受け取ったアドバイスの奥側を知ろうとするような、これまでとは違った角度で物事の見え方や受け取り方を自分から変えてみると、自分の器は必然的に大きくなっていきます！

少しずつ角度を変えていきましょう。大丈夫ですよ。

さきほどもお伝えしましたが、生まれもった性格は変えられなくても、考え方や受け取り方は自分の成長と共に誰でも変えていくことが出来るのです。

それが自分を変える技術の一つだと僕は思っています。

ただ「これらがちゃんと出来るように……」と意識することは大切なのですが、完壁を目指す必要はありません。

◆真正面だけの受け取り方ではなく、角度を変える柔軟性を持つ
◆自分に起こる出来事の意味付けは、自分で決めることが出来る
◆優しくない優しさがあることを知っておくことで、器の大きさが変わる

31 完璧主義者ほど自分を許すことを優先させる

完璧主義の方って結構多いと思いませんか？

僕の周りにもいるのですが、そういう方って、ひょっとしたら無意識に自分にだけではなく「相手に対しても完璧」を求めているかもしれませんよね？

例えば、僕みたいに親を介護をしている場合だと、相手に完璧を求めることは出来ませんよね？

つまり、人は完璧にたどり着くことは出来ないということを知っておく必要があります。

そもそも僕たちは存在している時点で、ある意味完璧なのです。

仮に完璧だと思っていても自分が成長していけば、更なる高みを目指していくことになりますから「完璧は存在しない」と思った方がいいかもしれません。

ただ、今だけを解決させる完璧を求めていくと、人としての成長が止まります。

なぜならもう手を付けなくていい状態だからこそ、また同じことを繰り返してしまいますし、自分を成長させる理由さえも見つけなくなるからです。

例えば、A村とB村の間に大きな川があって行き来が出来ないとします。

重要なのは見た目が悪くても、一日も早く橋を作ってライフラインを回復させることのはずなのに、橋のデザインや形にずっとこだわって完璧を求めていくと、時だけが流れていつまで経っても橋は完成しませんよね？

完璧にこだわる気持ちが悪いわけではありません。

しかし良い意味で、現時点の自分をこれからの成長のためにも許すことがあってもいいのです。

ただ、高みを目指す人ほど「自分のこんな所が許せない、こういう所に気づけないことが歯がゆい」などと普段の生活の中で思う方も世の中にはたくさんいます。

しかし、それも自分の一部ですから、そういう自分も愛してあげないと自分がかわいそうですし、早めに自分自身を良い意味で許してあげて、次につなげた方が間違いなく成長していきます。

だからこそ、少し前に遡りますが「真の自分」を知るために自分の棚卸しが必要になっていくのです。

この世には、自分に対して許せないと感じる欠点を愛してくれる人たちだって、たくさん存在していますし、更に言うといつも自分が思っている欠点を「個性」だと感じて応援してくれる人もいます。

つまり、欠点は自分にとって欠かせない点だということです。

許せないと自分から無理やり切り離そうとせずに、大切にしてあげてくださいね。

僕たちは人間ですから、生きていれば誰だって愚痴の一つや二つは出ます。

その時に重要なのが自分を許し、自分を愛してあげることと愚痴のこぼし方になります。

◆僕たちは存在しているだけで完璧だと知っておくこと
◆これからの成長のために、自分を許す技術。自分を愛する技術
◆自分の欠点を個性だと思ってくれる人も、世の中にはたくさんいる

32 人間だからこそ、愚痴や弱音はこぼしていい理由

例えば、僕のように仕事をしながら介護をしていると、相手のためにやっていますので、愚痴をこぼしてはいけない強迫観念に苛まれることがありました。

人間として生きる以上、愚痴や弱音をこぼさない人はいないのではないかと僕は思うのですが、あなたはどうでしょうか？

うまくいかないことが連続で続くとネガティブな感情になってしまいませんか？

また自分のキャパ（器）が小さい時ほど、愚痴をこぼさないと耐えきれなくなるものです。若い時ほど特にそうですよね……。僕も本当にそうでした。

もちろん、四六時中、愚痴ばかりを言っていたら、自分以上に周りの人の気分や空気感が悪くなってしまうので、相手のためにも「愚痴のこぼし方」に成長が隠れています。

人間である以上、愚痴や弱音の一つや二つぐらいをこぼすのは当たり前です。

ただ愚痴や弱音をどれだけ言い続けても自分を慰めることは出来ませんし、それで人生が幸せになっていくのかというとなれませんよね？

これってやっぱり根本の原因のベクトルが、相手や外に向いているからなんです。

自分が気づかないうちに愚痴や弱音を吐くのが当たり前になっている思考習慣を、自分の意志で止めてあげないと「理想とする未来」はいくら待ってもやってきません。

だからこそ愚痴の最後に「いや、いろいろと愚痴ったけどこんなふうに考えて頑張ろう」とか、「あの人だったらこんな時どうするだろうか？」と考えて、自分の背中を自分で押してあげる技術を持つことがとても大切です。

愚痴の最後で前を向けるような心を作り上げて明日につなげることが大切だと、僕は人生の恩人たちに教えてもらいました。そうすれば必ず、再認識出来ることがあるのです。

それは何かと言うと……。

いかに「今の自分が幸せなのか」に気づけることです！

◆愚痴を吐いた最後の終わり方で、明日の生き方も変わる
◆愚痴を言い続けても相手も疲れるし、自分を慰めることにはつながらない
◆愚痴が出る時にこそ、尊敬する人だったらと考えられる思考習慣を持つ

33 人それぞれ違う幸せの定義。本当の幸せとは何か？

お金さえあれば幸せだと思っている方が多いですよね？

当然ながら生活をするために、夢を叶えるために、子供のために、老後のためにもお金は生きる上で必要になります。

だけど、お金と幸せを完全一致として結び付けるのは、僕はちょっと違うかなと思っています。

お金があっても不幸せだと思って、自殺する人だっているんですよ？

なんかおかしな話ですよね？

例えば、お金があっても自分が求めていた自由やゆとりがなければ幸せと感じないのかもしれないし、地球の変動で食料や水などの資源が減って、お金の価値がなくなりはじめたら幸せと感じなくなるかもしれない……。

極論、誰もいない無人島の中で一人で暮らしていかなければならないなら、いくらお金があっても幸せだとは言えませんよね？

世の中はお金が全てだと言う方がいますが、幸せではなく生活をする上での安定・安心感、誰かを救うための自己充実感、夢を叶えるための自己達成感を幸せと結びつけて幸せだと言う方が多いのかなと思います。

僕が学ばせてもらった中で、そして資格取得者として言えることは、多くの方は普段から幸せは手に入れるものだと錯覚しているということ。

特に幸せを感じるための考え方は、母がいつも教えてくれたことだったなと思っています。

亡くなった母は、

「そもそも幸せは追いかけるものではないし、求めるものではない」ということ、
つまり幸せとは「常に気づくこと」なんだと教えてくれました。

それじゃ何に気づくべきなのでしょうか?

それはごくごく当たり前のことで、自分が五体満足であること、明日を無事に迎えることが出来ること、自分が大切に思う人たちが元気であること、そして、戦後の痛みがあったからこそ、今の当たり前の日々が続いている、一日一日そのものこそが幸せであるということです。


また特別な日だって本当は要らないとも教えてくれました。

どういうことか?

人は誕生日やクリスマス、結婚記念日、還暦などを特別な大切な一日として過ごすものですが、

「当たり前の日々」が毎日続くことこそが「特別な日」を毎日過ごしているのと同じなんだよ、とよく言ってたんですね。

そして、TVに出演されているある方とお逢いして、食事をしている時に教えてくれたのが、誕生日は自分を祝ってもらう前に「親にありがとう」を伝える日なんだよと……。

当時の僕は考えたことすらもありませんでした。

実際に両親二人のガン介護を同時に一人でしていると、朝から晩まで本当に休む暇もなく続いていきますから、何気ない当たり前の日々がどれだけ愛しく、そして有難いことなのかを痛感しました。

今なら本当によく分かります。

自分の人生に介護が入っていくと、少し前までなら「ちょっとそこまで出かけてくるね」「今日は○○さんと打合せで夜は出かけるから」という普通に出来ていた当たり前が、突然本当に出来なくなります。

当たり前の素晴らしさと大切さを知るために、介護という新たな役割を早い段階で親から与えてもらえたことに、僕は大変でしたが感謝をしています。

何より介護を通じて本当の愛とは何かを教えてもらえましたから、若いうちに僕は介護をさせてもらって本当に良かったと思っています。

その時間も幸せだったからです。

◆幸せは手に入れるものだ、と錯覚をしないこと

◆幸せは追いかけるものでも、求めるものでもないこと

◆幸せはいつも、私生活の中で気づくことにある

---

34 幸せの分母と満腹中枢を増やしていくこと

亡くなった母が「幸せの分母を増やしなさい」ということを、いつも教えてくれていました。

繰り返しになるかもしれませんが、身近にある毎日に対して自分の中に「有難い」を増やしていかないと、自分だけの力で成功したように勘違いしてしまうので、周りに対する感謝がぼやけるような生き方になるから、と言っていたんです。

日頃から常に「幸せの分母」を増やしておけば、何かの出来事に対して「難が有ること」が起きても、受け取り方を変えればちゃんと「有難い」に変えていけるからと……。

自分が何かをしてもらったら幸せ、そしてお金に余裕もあり、自分が理想とするような環境や仕事をすることだけが幸せだと思うのは、逆に不幸な考え方や生き方になってしまうとも言っていました。

まず、明日を迎えることが出来るのが幸せ、住める家があるだけで幸せ、台所、トイレ、ティッシュがあるだけで幸せ、ベッドや布団があるだけで幸せ、お皿や茶わんがあるだけで幸せだと思うように、気持ちを傾けていく癖を付けなさいと叱られてもきました。

人だけではなく物に対しても向き合っていくと、一人で生きているわけではないと心から思えるようにもなると……。

つまり、幸せの満腹中枢が高くなっていけば、物欲自体が少なくなってお金の無駄使いもなくなるよと言っていました。

だからこそ、人はもちろんだけど、物などに当たるのは職人さんたちの志に対して失礼になると、小学生あたりからよく僕は叱られていましたね。

目の前にある当たり前の物は、全て先人の知恵から生み出された努力の塊だということ、その道に生きるプロたちが、まだ見ぬ笑顔のために自分の人生を賭けて生み出してくれたものなんだと心を寄せることが出来ないのだから、自分に出来ないことをしてくれる方たちに幸せと感じないで、感謝を感じないでどうするの？　とよく言われたものです。

幸せの分母を増やして「幸せの満腹中枢」を上げていけば、自分は生きているのではなく常に自分が生かされている有難さに気づいて、いつも以上に感謝精神が出てくるようになります。

◆自分だけの力で乗り越えてきた、と勘違いをしないこと
◆目に映るもの全てが、先人の知恵と努力の結晶だという見方を得る
◆誰もが一人で生きているわけではなく、他力で生かされている

35 自分が存在することの認識を履き違えないこと

人間は自分が愛されていない存在だと思い始めると、存在を認めてもらうために良くも悪くも行動を起こします。

それらを行うことで、自分の存在を周りに再確認してもらおうとするからです。

また結果を出さない限り「自分の存在」は認めてもらえないと勘違いをしてしまう方も、面談をしている時に感じることがあります。

複雑な家庭環境であればあるほど「存在に関する価値観」がどこかで大きく変わってしまうのです。

その中でも大切にして欲しいことは、繰り返しになりますが、「あなたが存在している」だけで、必ず毎日誰かを幸せにしていることだけは間違いのないことです。

もちろん行動自体を起こすことは大切です。

ただ、それが人に迷惑や困らせる行動になってしまっては逆効果になります。

例えば、親を困らせて本気で叱られることで愛情を感じようとする子供たちが多いのは、こういう傾向があります。

結果を出すことも理屈は同じなのですが、ただ結果のよしあしではなく、それまでの過程の方が何倍も重要だということを知っておかないといけません。

常に結果を出して「すごいね、次も頑張ろうね！」と言われ続けるからこそ、自分にプレッシャーが掛かってしまい「次も褒めてもらわないと自分は認めてもらえない」と思ってしまいがちになります。

よろしいでしょうか？

目を向けてもらうために、行動を起こさない限り自分を見てはもらえないとか、周りの人以上に結果を出していかないと自分の存在を認めてもらえない、と思う必要は全くありません。


どうか忘れないでください。

あなたがいるだけで幸せを感じて生きている人は必ずいます。

喜んでくれる人もたくさんいます。


自分の存在を認めてもらいたいのならば、親子の関係でも、対人関係でも、恋愛関係でも、**お互いがお互いの中で自分から相手に対して「いつも、ありがとう」という感謝を伝えることが根元にあると、何事もうまくいきやすいです。**

常に感謝を伝えるということは「愛情表現の一つ」だと僕は思っています。

結果を出すことに対してもそうです。全ては結果以上にそれまでの過程になります。結果の良し悪しではなく、自分が結果に向かってどう取り組んできたのか？　そして、どう乗り越えようとしたのか？　その姿勢がいろいろな所で役に立っていきます。

ありがとうが足りず「自分の存在価値」を認識できない方がこの世の中には、たくさんいます。

しかし、逆にありがとうを言えていない、ありがとうを行動に起こせていない方だって同じように、たくさんいます。

それだけ、存在意義の所でも「いつもありがとう」を言葉や行動で伝えることは大切なのです。

もう少し深い所の話をすると、僕たちの脳は「ありがとう」と言われると、自分に言っているのか？　相手に言っているのか？　分かっていません。

だから自分の心を満たしていくためにも良い言葉を使っていくことは大切なんですね。

その方が、脳も「ありがとうを伝えるための行動を起こしなさい」という指示を送り出しますので、結果的に自分から良い言葉を使った方が、心にも変化を与えやすいですし、行動だって付いていきやすくなります。

◆存在の認められ方は、行動や結果ではなく常に愛されていることを忘れないこと

◆存在を認めて欲しいなら、自分から恩返しと恩送りを先に行っていくこと

◆脳のためにも悪い言葉を使うよりも良い言葉を使う方が、心は付いていきやすい

---

36 コロナ禍における「自分への正しい投資」のやり方

さて、いかがでしたでしょうか？

全て自分を成長させていくための場所は、私生活習慣からはじまり、一歩外に出た社会にあるということが少しでも伝わったのなら嬉しい限りです。

僕が大きく変わるキッカケとなった、一年で六回の交通事故。

これによって、これまでの生き方と決別をして「生き方そのもの」を変えていきました。

そして、もう一つ先に大きな気づきと学びをもらったのが、両親二人のがん介護になります。

繰り返しになりますが、私生活習慣に対する心構えから、社会に出ている時の相手への対応、家族に対する感謝、昔の自分と決別する勇気を出して一つずつを自分なりに丁寧に過ごしてきたからこそ、「未来の分岐点」が大きく変わって今日という一日をまた過ごさせてもらっています。

もしも、今あなたが成功したいのならば、その根底にあるものは、私生活習慣の中に全て隠れているということです。

また自分自身を磨いていく場所も、全て私生活習慣の中にあります。
そうすれば、何が一緒に育っていくかというと思考習慣でしたよね。
これらの条件を、私生活を通じて整えていくことこそが「覚悟の準備」が整いはじめるということにつながっていきます。

心の底から変わろうと行動をしていけば必ず実感出来ますし、今まで以上に冷静になれますし、判断力や決断力も早くなります。

そしてなによりも、誰かのためにすぐに動ける自分になっていけます。


条件が付いた信用からはじまり、やがては絶大なる信頼へと変わっていきます。

重要なのは、今日という一日その瞬間を、将来の自分のために何を優先すべきなのか、ということ。

そして自分と人のために正しい投資が出来ているのか、ということ。


年齢に関係なく常に考えながら行動をしていけば、自分が望む自分に誰でもなっていけるのです。

そこを避けているにも関わらず、「当たり障りのない中で生きる方が楽だと思ってきたのは自分」と認めたくない人が多いのが日本人です。

もう、そういう生き方をするのはやめませんか？
コロナ禍の日本は今までの日本ではもうありませんからね。

ほんの少しずつでも「自分の名前で生きる」という姿勢を強くしていく必要があると思います。

スマホを見る時間があるのなら、大手企業に勤めている人たちよりも数時間早く起床して、今の自分に必要な本を読む時間に使ったり、今日はどういう一日にしようかと決断したり、苦手な分野と向き合うための勉強をする時間に使ったりしてはどうでしょうか？

常に僕たちの目の前にある出来事が教えてくれているのは、「自分の人生を自分で引き受ける」ために絶対的にやらなければいけないことがあるということです
これらは「全て自分が選択した人生だからこそ後悔をしない」ためでもあります。

変化を起こそうと思っても続けられない個人の叫びが「大衆」と呼ばれるのですが、多くの人は困難や面倒なことからすぐに逃げる癖が付いているからこそ、世の中や会社、そして家庭環境のせいにしがちです。
その状態から本当に大切なことを知る出来事が起こった時に、人は地に足が付いていない状態の中で大きな勇気と決断を迫られるのです。

だからこそ常に「私生活の中で自分を育てていこう」といつも大切な人たちを思い浮かべながら、自分の心に勇気の種を植えて、朝起きてから今日をどういう一日にするのかを決めることからはじめていきませんか？

全ては自分を愛してくれる大切な人たちのために……。

あなたのためにも、相手のためにも、主体性を持った行動が本当の意味での投資になるのですが、この本でお伝えした通り、知識だけを詰め込んでも行動を起こさないと自分に酔いしれてしまいますから、それは残念ながら浪費にしかなりません。

だからこそ、どうか常に自分に対して謙虚でいてくださいね。

知恵や知識は、常に大切な人のために社会貢献という意味でアウトプットしていかないと本質が見えてきません。これまでの自分と決別する勇気を持って行動していくしか道はありません。

それをしない限り、知恵や知識をインプットしても、日々の生き方を通じて活かさなければ、時の流れと共に自然に忘れて腐敗していくだけで大半が終わってしまいます。

僕たちの脳は繰り返していかないと確実に忘れていく生き物ですからね……。

ただ、全ての発端は実践不足から起こってしまった現実を自分が招いているということになるので、だからこそ私生活習慣を変えない限り、脳の思考も行動も絶対に習慣化していきません。


少し世の中全体を俯瞰して周りを大衆として見たら、あなたもよく分かるはずなんです。

多くの方が「こんなはずではなかった。もっと早くやっておけば良かった」と、思いはじめていきます。


そして、困難が目の前に訪れた時に後悔することがほとんどなのです。

違いますでしょうか？

それを助けるのはいつも愛してくれる家族しかこの世にいません。
そして、本当の意味で自分を助けるのは「あなたの覚悟」しかないのです。

その現実を生み出してしまったのは、環境のせいでも誰のせいでもなく、本当ならばやるべきことが将来のやりたいことにつながるはずなのに、そこから逃げ続けてきてしまった自分のせいに過ぎないのですが、それを他者から問われれば自分が傷つきたくないからこそ、誰もが言い訳を探して、虚像を作り出して、少しでも自分を肯定しようとします。

そういうこれまでと決別する時代が、コロナ禍もあり、もう目の前に来ている事実をしっかりと自覚して、僕たちは前を向いて歩いていかないといけません。

あまり難しく考える必要はありません。出来る所から生活習慣を変えるだけです。

そのために、日常の中で溢れている「人の悩み」に焦点を置いて、僕なりに亡くなった母や人生の恩人たちが教えくれたことや学ばせてもらったことを、実体験を通じていろいろと切り口を変えながらお話をさせて頂きました。

今の時代を生き抜くために必要な「覚悟の準備」はあなたにお伝えしたつもりです。

何か一つでもあなたのこれからに対するヒントやキッカケになってくれれば僕は本当に嬉しいです。

成長するためのスピードをどれだけ早く縮めていけるかどうかは、あなたがどれだけ周りの人のお陰で生かされてきているかという感謝精神を持てるかだと思います。

人と比較する必要はありません。

あなたの「普通」は他者から見れば「特別な人間」だということなのですから、

「あなたはあなたのままで良い」のです。

昨日の自分を一ミリでも超えれば、明日も、明後日も新しい人生のスタートをはじめることが出来るのです。

毎日、毎日「今日だけは逃げずに一日を一生懸命生きてみよう。今日一日必ず誰かを喜ばせよう。幸せにしよう」と決めて、まずは一日だけやり切ることです。

その一日が出来れば、次の日も必ず出来ます。なぜなら、それの繰り返しが未来だからです。

そういうふうに生きていても、いろいろな出来事に遭遇します。
いろいろなことを言われることだってあります。
しかし、ここまでお付き合いくださったあなたなら、もう大丈夫です！
あなたが覚悟を決めて変わろうと歩き始めた軌跡は絶対に裏切りません。

それだけは僕があなたに約束をします。
ここまでお付き合い頂きまして、本当にありがとうございました。
心から、手に取ってくれたあなたに感謝して終わりたいと思います。

株式会社感動集客　松野正寿

エピローグ

「今に感謝」といつも思える自分を目指して生きていく

僕たち人間は、分かりやすいように過去と未来という言葉で人生を定義しますが、あくまで現在進行形にすぎません。

僕たちは今この瞬間の繰り返しの中で生きています。

例えば身体の臓器と同じで、寝ていても時が流れているようにこの瞬間の繰り返しの中で生きています。

その瞬間の繰り返しの中で、人は時に過去に執着をして「過去のせいで今の自分がいる」と思ってしまうことがあるのです。

しかし、過去の自分が今の自分を決めているのではなく「今の自分が過去」を決めています。

どうかそれを忘れないでください。

過去に何があっても、黒だと思っていた出来事をオセロのように、自分の力で白にすることが誰にでも出来ます。
そのためには「今に感謝」といつも思えるような自分を目指して生きていく他はありません。

幸せは追いかけるものではないし、求めるものでもありません。
手に入れるものでもありません。

亡くなった母が教えてくれたように、幸せはいつも気づくことです。

どうしても受け取りたくない過去があるかもしれません。もちろん僕にもあります。
だけどその出来事にどんな意味付けをするのも自分ですし、そして次につなげるためにも自分の心に空いている隙間に形を作って、パズルみたいにはめ込む手段を知っているのは他の誰でもないあなた自身しかいません。

忘れないでください。

未来の分岐点になることは「自分の私生活習慣」が全て作っています。
そのためにも自分を放棄せず心から愛してあげてください。
そんな自分と同じぐらい家族も、他者も愛してあげてくださいね。

どうか、自分の今に対して彷徨《さまよ》っている人や、大切な人たちの足元を照らせるあなたでいてくださいね。

終わりに……

これまでたくさんの教えを頂いてきた人生の諸先輩の皆さま、お仕事を頂いている得意先の皆さま。いつもありがとうございます。

人としての生き方を教えてくださり、数々の学びを与えてくださった、(株)人財育成JAPANの永松茂久社長。

人を信じぬく大切さを教えてくださった、(株)水の守り人の神谷久志社長。

お金の稼ぎ方を学ばせてくださった、弊社相談役の(株)Bindの松原智彦社長。

今回、二冊同時出版のキッカケを与えてくださった、KKロングセラーズの真船壮介常務。

この数カ月でまた大きく成長させて頂きました。本当にありがとうございます。

江藤さん・重広さんもありがとうございました。

仕事面だけではなくプライベートでも支えてくれた親友でもあり弊社専務の、本田和彦。

毎回大変な作業を引き受けてくださる、さくらnetbizの釘田泰子代表。

お客さまの本質を突くマーケティングを教えてくださった、(株)マジックセールスの上野健一郎さん。

母の教えが実は根元にあったことを気づかせてくださった、すらっと代表の香川浩樹社長。

いつも贈り物を送ってくださる、株式会社CoPain51の渡辺政光社長。

昔からずっと税務関係を支え続けてくださる、福島宏和税理士。

サラリーマン時代に自分の器を広く持つ大切さを教えてくださった、ヤマダ電機(株)中四国支社長・丸山航志さん。

職場で一緒に働いていた時にいつも助けてくれた、molt carina代表の丸山貴子さん、支社長のご友人の原口知久さん・大渕秀晃さんにもたくさんの優しさを頂いてきました。

当時、一番若く生意気な僕に、社会人としての働き方や考え方を何度も教えてくださり、ずっと可愛がってくださった、佐藤清幸さん・砂田太郎さん・山下聡さん・山下紀郎さん・舘和政さん・重野博則さん・山川基博さん、本当に感謝しています。全体を俯瞰する仕事を行う大切さをいつも教えてくださった、パナソニックコンシューマーマーケティング（株）深川課長をはじめ、陣内くん・後藤くん・当房さん・谷さん・清田さん・野口チーフへ。これまでいろいろと本当にありがとうございます。

人間関係の大切さをたくさん学ばせてもらった音楽の世界で苦楽を共にした、元プロギタリストで今はYou tuberで大活躍中の盟友、サムライシンジ。

元バンドメンバーでたくさん可愛がってくれた、鹿田孝さん・鹿田彰子さん。

元ARTMINDCOMPANYの、多良朗大さん・馬場崎稔崇さん・白石りえさん。

音楽仲間では一番の友人になった、井上琢也さん。

久留米スタジオ・パープルヘイズの、秋田オーナー・熊本のジャズドラマー川端敏宏さん。

僕が小学生の頃から勝手に家に遊びに行っても、怒ることなく近所のお兄ちゃんとして可愛がってくださった当時は大学生だった、(株)オフィスKawamuraの河村知治社長・修子さん。

地元の友人、幼馴染みの今村綾智さん・中川晃平さん・似顔絵まるち堂の中川直紀さん・手嶋祐介さん・今泉英司さん・片淵大雅さん・井上智雄さん・武田英毅さん・鶴田達也さん・田中絢也さん・高尾恵理子さん・永田光識さん・木下宗一郎さん。

サクリエ有限責任事業組合の、須沢香織・尾首美穂代表。

ネットの世界でいつも温かく応援してくださる、from4050の秋元恵美子代表。

静岡の滝口音楽教室の、久美子先生・静岡のスタジオ・マイのヨガセラピスト鈴木こなみ代表。

各スクールの塾生の皆さま、松風講師・加藤講師・個別クライアントの皆さま・メルマガ読者の皆さま。

いつも大阪で仲良くしてくださる（株）Full Ahead の清水扶幸社長・（株）パーシスト の瀬尾直樹社長。

岡山の豚まんで有名な山珍の、仁後社長・裕子さん。

大阪の河合コーポレーションの、皆さま・大橋治久さん。

奈良の塗装会社ペイントリーフの皆さま・樋口徳太郎親方。

兵庫県西宮の婦人服（株）オルウェイズの皆さま・南部京介さん。

長田広告（株）の皆さま。


亡くなる最後の最後まで人として大切なことを教え続けてくれた偉大なるお母さん。

認知症になってしまったけれど、男ならば……を叩き込んでくれたお父さん。

そして僕を生涯のパートナーとして選んでくれた松野千穂をはじめ、親族の皆さま。

最後に僕を父親に選んでくれた龍哉と陽愛に心からの愛と感謝を込めて……。

さぁ、覚悟の準備をはじめよう。

ココロノミライメルマガ「未来の手帳」https://kokoro-mirai.jp/merumaga/
特定商取引法に基づく表記 https://kokoro-mirai.jp/tokutei/
覚悟の準備&命の時間公式サイト「ココロノミライ」
https://kokoro-mirai.jp/
著者・松野正寿のインスタグラム
https://www.instagram.com/kakugo_zyunbi/

覚悟の準備

著　者　　松 野 正 寿
発行者　　真船美保子
発行所　　KK ロングセラーズ
東京都新宿区高田馬場 2-1-2　〒 169-0075
電話（03）3204-5161（代）　振替 00120-7-145737
http://www.kklong.co.jp

印刷・製本　　大日本印刷（株）

落丁・乱丁はお取り替えいたします。※定価と発行日はカバーに表示してあります。

ISBN978-4-8454-5145-6　　Printed In Japan 2021